나보다
**똑똑하게
키우고**
싶어요

이 도서의 국립중앙도서관 출판시도서목록(CIP)은
서지정보유통지원시스템 홈페이지(http://seoji.nl.go.kr)와
국가자료공동목록시스템(http://www.nl.go.kr/kolisnet)에서 이용하실 수 있습니다.
(CIP제어번호: CIP 2019000042)

0~12세 두뇌&행복 발달 육아법

나보다 똑똑하게 키우고 싶어요

서울대 어린이병원 **김붕년** 지음

design **house**

Contents

프롤로그 ·· **010**

1장. 우리 아이, 제대로 자라고 있을까요?

영유아 검진 결과에 초조해하지 마세요 ·································· **015**
부모의 불안감이 아이를 아프게 만들어요 ······························ **017**
아무래도 아이가 영재 같다고요? ·· **019**
부모가 왜 두뇌 발달을 알아야 할까요? ·································· **021**
대뇌와 시냅스만 알아두세요 ·· **025**
모든 아이의 두뇌에는 공통 법칙이 있어요 ···························· **028**
Tip 아이가 좋아하는 놀이가 뇌를 똑똑하게 만들어요

2장. 똑똑한 두뇌는 0~12세에 만들어집니다

0~3세, 애착

두뇌 발달은 탄탄한 애착에서 시작해요 ··· 043
   Tip 애착의 세 가지 유형

아이와 엄마의 애착은 상호적이에요 ··· 047

애착도 되물림돼요 ··· 049

아이는 배 속에서부터 애착을 준비해요 ··· 051
   Tip 기질적으로 애착 형성이 힘든 아이, 애착을 향상시키는 상호작용

생후 12개월까지 양육의 3원칙을 명심하세요 ··· 055

충분한 스킨십이 애착을 높여요 ··· 060
   Tip 아이와 스킨십 놀이

생후 24개월까지 비언어적 소통이 중요해요 ··· 064

생후 6~18개월에는 합동 주시로 욕구를 파악하세요 ··· 066

아이는 부모의 표정을 읽으며 감정을 배워요 ··· 068

무엇보다 필요한 건 부모의 자신감이에요 ··· 073
   Tip 엄마의 자신감을 키우는 네 가지 방법

'유아사춘기', 애착으로 해결하세요 ··· 076

4~7세, 자기 조절

아이 스스로 조절하는 힘을 키워주세요 ······ 082
부모가 참지 못하는 아이를 만들어요 ······ 086
자기 조절을 키우는 데도 적기가 있어요 ······ 088
Tip 평생을 좌우하는 '잠깐'의 인내심
자기 조절력을 키우려면 전두엽의 힘을 기르세요 ······ 092
부모의 일관성이 아이의 자기 조절력을 키워요 ······ 096
많이 움직이는 아이가 자기 조절도 잘해요 ······ 102
Tip 집중력을 키우는 몸놀이
일상에서 경험치를 늘려주세요 ······ 108
Tip 아이에게 존댓말을 가르치는 방법
자기 조절, 백 번은 시도하세요 ······ 112
Tip 자기 조절이 어려운 아이, 혹시 ADHD?
기질적으로 자기 조절이 힘든 아이도 있어요 ······ 114
Tip 독이 되는 칭찬, 약이 되는 칭찬
내적 동기를 키워주세요 ······ 118
Tip 아들의 타고난 특성을 인정하는 법

8~12세, 공감

성장하는 아이에게 경쟁은 숙명, 어울림은 필수예요 ········· 129

공감은 아이가 갖고 태어나는 본성이에요 ················· 131
   Tip 공감 능력이 뛰어나 보이는 아이, 사실은 의존성이 높은 것일 수도…

공감 능력을 발현하는 세 가지 뇌 회로 ··················· 134
   Tip 공감 회로가 발달하지 않은 폭력적인 아이들

내 아이의 공감 능력, 어느 정도일까요? ··················· 141
   Tip 아이 공감 능력 체크리스트

나는 공감을 잘하는 부모일까요? ························ 144
   Tip 부모 공감 능력 체크리스트

아이와 함께하는 공감 대화법 ·························· 147
   Tip 공감 대화, 어렵지 않아요

'문·예·체 교육'이 공감 능력을 키워요 ··················· 155
   Tip 공감 능력을 업(UP)! 시키는 문·예·체 교육

아이의 감정을 있는 그대로 인정해주세요 ················· 160

3장. 행복한 두뇌는 5~12세에 만들어집니다

아이가 키우는 생각 지능

창의력, 왜 필요할까요? ··········· 168
창의적인 아이가 행복해요 ··········· 169
Tip 행복한 뇌 발달에 빠질 수 없는 도파민
Tip 진정한 행복을 누리게 하는 세로토닌
모든 아이가 갖고 태어나는 창의력 ··········· 173
창의력의 바탕에는 주의 집중력이 있어요 ··········· 178
아이가 텔레비전을 볼 때만 집중하나요? ··········· 180
유형에 따른 주의 집중력 향상법 ··········· 183
Tip 주의 집중력을 키워주는 방법
상상력은 창의력에 날개를 달아줘요 ··········· 189
상상력으로 감정을 다스리게 해주세요 ··········· 192
상상력으로 학습 효과를 높일 수 있어요 ··········· 196
Tip 상상력을 키우는 가장 좋은 방법, 독서

부모가 키워주는 정서 지능

인생을 살아가는 힘, 자존감 ······ 203
자존감이 높은 아이일수록 행복해요 ······ 204
자존감, 뇌의 경험이 쌓여 만들어집니다 ······ 207
부모가 아이의 자존감을 키워요 ······ 210
자존감도 부모를 닮아요 ······ 215
Tip 부모의 자존감을 살피는 다섯 가지 질문
도덕성은 태어날 때부터 갖고 있어요 ······ 219
생활 속에서 아이의 도덕성을 길러주세요 ······ 221
Tip 이럴 때는 이렇게! 상황별 도덕 교육
회복탄력성이 아이의 행복을 좌우해요 ······ 228
Tip 회복탄력성이 높은 아이들의 특징
회복탄력성, 부모가 키워줄 수 있어요 ······ 230
실패도 해본 아이가 이겨낼 수 있어요 ······ 235
Tip 회복탄력성을 높이는 대화, 이렇게 해보세요

특별 부록
우리 아이 공부 지능 ······ 240

프롤로그

부모의 소망이란 다양하겠지만, 그중에 제일은 '내 아이가 행복했으면, 내 아이가 행복한 인생을 살았으면, 내 아이의 미래가 행복으로 이어졌으면' 하는 바람이 아닐까 싶습니다. 그러나 우리 아이들의 행복지수는 전 세계에서 매우 낮은 편인 것이 현실입니다. 모든 부모의 가장 보편적인 소망인 '행복'을, 우리 아이들이 실제 경험하는 세상에서는 찾아보기 힘들다는 이야기지요. 우리 아이가 똑똑한 아이, 행복한 아이로 성장할 수 있도록 부모가 도움을 줄 수 있는 방법은 무엇이 있을까요?

이 문제를 머릿속에 두고 고민하다가 연구를 진행하고 그 결과를 정리한 것이 이 한 권의 책으로 출판되기에 이르렀습니다. 제목에서도 알 수 있듯이 '똑똑한 아이와 행복한 아이로 키우기 위한 양육의 비법'을 담은 책입니다. '비법'은 '비밀스러운 방법' 또는 '비범한 방법'이라는 뜻을 가리키는 말이지요. 이 책에서 이야기하는 비법을, 책을 읽어나가면서 부모님들이 스스로 발견해가실 수 있었으면 좋겠습니다. 우리 아이들 한 명 한 명은 모두 독특하고 특별하기에, 그 한 명 한 명에게 맞는 비법은 결국 부모가 가장 잘 알게 되는 것이니까요.

이 책은 모두에게 동일한 비법을 단번에 보여주는 것이 아니라, 각 부모들이 자신의 아이에게 맞는 비법을 조금 더 쉽고 빠르게 찾을 수 있도록 도우려는 것입니다. 비법을 너무 늦게 찾아 한탄하고 후회하는 일이 없기를 바라는 마음으로 썼습니다. 사실 그것이 전부입니다. 그러니 내 아이와 우리 집과 우리 부부에게 대입해보고 천천히 생각하면서 읽어보신다면 더 좋겠습니다.

여기 나오는 사례들과 비유는 다 제가 직접 경험했던 것들입니다. 소아병원과 어린이집, 유치원, 초등학교, 중고등학교에서 만난 아이들 그리고 우리 집에서 만난 아이들과의 경험 속에서 나온 이야기들입니다. 한편 제가 만난 수천 명, 아니 수만 명의 부모님과 전문가들, 일반인들, 연예인들, 권력자들에게서는 늘 같은 말을 듣곤 했습니다. 바로 교육이 바뀌어야 한다는 말이었습니다. 어느 누구도 "지금 교육이 좋아요. 바꿀 필요 없어요"라는 사람이 없었어요. 수만 명 중에 그런 생각을 하는 사람이 한 명도 없었다는 것이 놀라울 정도로, 모두가 교육이 바뀌어야만 한다고 입을 모아 말했습니다. 교육에 대한 문제의식은 모든 대한민국 어른들의 공통된 생각인 듯합니다. 바로 이 모든 어른들이 소망하는 대한민국 교육의 변화에, 이 책이 조금이나마 도움이 된다면 더욱 바랄 것이 없겠습니다.

서울대 어린이병원 연구실에서 김붕년

1장

우리 아이, 제대로 자라고 있을까요?

새내기 부모부터 학령기 아이를 키우는 베테랑 부모까지, 부모라면 누구나 아이의 발달 과정에 관심이 많습니다. 언제 뒤집을까, 언제 걸음을 뗄까, 언제 말하기 시작할까, 언제 글자를 읽을까. 개월 수나 연령에 따라 신체 발달과 인지 발달이 제대로 이루어지고 있는지 궁금해합니다. 그러나 부모들이 이처럼 발달 과정을 꼼꼼히 확인하는 이유는 내 아이가 다른 아이보다 앞서거나 뛰어나길 바라기 때문만은 아닙니다. 혹시라도 아이 상태를 제때 살피지 못해 문제가 생기지 않을까 하는 걱정, 바로 불안감 때문이죠.

발달에 대한 우리나라 부모들의 관심은 주로 '신체'와 '지능'에 집중되어 있습니다. 아이마다 생김새가 다르듯 주로 발달하는 시기, 부분, 속도가 다른데도 특정한 한두 부분에만 집중하는 것은 아이 발달을 한쪽으로 치우치게 하거나 한정된 발달 자원을 빨리 소진시켜 좋지 않은 결과를 불러올 수 있습니다.

영유아 검진 결과에 초조해하지 마세요

유독 우리나라 부모들은 아이의 발달에 불안감을 느낍니다. 또래 친구들에 비해 발달이 늦으면 늦되다고 불안해하고, 발달이 빠르면 더 빠르길 바라며 초조해합니다.

이런 감정을 자극하는 요소 중 하나는 영유아 검진입니다. 정해진 월령에 따라 발달 정도를 살피는 이 설문 하나가 부모에게 미치는 영향력은 강력합니다. 우리 아이의 발달 정도와 상태를 또래 평균과 비교해가며 수치로 짚어주기 때문이죠. 그러나 사실 영유아 검진은 단편적인 체크리스트로부터 뽑아낸 결과에 불과합니다. 검진 결과를 알려주는 소아과 의사는 정해진 질문과 답변 안에서 부모가 체크한 자료만을 가지고 판단할 뿐 아이에 대해 충분히 파악하지 못하죠.

예를 들어 36개월 아이가 "모두 주세요", "책 읽어줘" 등 두 어절을 이어서 말하지 못한다고 하면 의사는 또래 평균 수치와 비교해 대개 "30개월에는 짧은 문장으로 의사표현을 하죠. 언어 발달이 조금 느린 편이네요"라고 말합니다. 여기에는 엄마아빠가 아이에게 말을 얼마나 자주 걸어주는지, 집에 식구들이 몇이나 되는지, 부모가 아이와 언어 놀이를 얼마나 하는지, 텔레비전은 얼마나 보여주는지 같은 집안의 언어적 환경은 포함되어 있지 않습니다.

발달 시기, 발달 이론 등은 모두 '평균론'이라는 통계일 뿐입니다. 아이를 다른 아이들과 비교하며 상대적으로만 평가해서는 안 됩니다. 부모가 통계의 함정에 속거나 집착하는 순간, 아이를 양육하는 소중하고 즐거운 시간이 걱정과 불안으로 뒤바뀌게 됩니다.

부모의 불안감이 아이를 아프게 만들어요

'아이가 늦다'라는 전문가 의견을 들은 부모는 언어 발달에 문제가 있다고 생각하고, 극심한 두려움에 시달리게 됩니다. 그러나 어린 시절에 나타나는 발달 차이가 장기간 지속되는 것은 아닙니다. 또 조금 늦된 아이라고 해서 계속 같은 속도로 성장하는 것도 아니죠.

병원에서 일하면서 영재라 불리는 아이들, ADHD나 자폐증, 학습장애 등 소위 결핍이 있는 아이들을 종종 만나게 됩니다. 이 아이들을 만나며 깨달은 사실은 평범한 아이와 별다른 차이가 없다는 점입니다.

엄마들은 내 아이가 다른 아이들과 조금 다르다고 느낄 때 열심히 인터넷을 검색합니다. 그리고 까치발을 하거나 특정 물건에 집착하고, 반복적인 행동을 하는 등 내 아이에게서 결핍된 아이의 특성을 발견하면 불안감으로 걱정에 빠지죠. 하지만 이런 특징이 나타난다고 해서 모두 자폐증이나 ADHD 등 결핍이 있는 아이는 아닙니다. 증상이 6

개월 이상 해결되지 않고 지속될 때 문제가 있는 것입니다. 또한 장기간 지속되더라도, 환경의 변화나 놀이 등을 통해 증상이 줄어들면 아이가 건강하게 자라는 데 큰 문제가 되지 않습니다. 이런 문제들은 자연회복되는 경우도 있습니다. 변화 가능성이 있기 때문입니다. 소위 문제라고 걱정하는 증상들은 건강한 아이들에게서도 일시적으로 나타날 수 있습니다.

일찍부터 아이가 부족한 점에만 집착하면 오히려 아이 발달에 해가 됩니다. 일단 부모가 불안감을 느끼기 시작하면 아이와의 시간이 즐거울 수 없죠. 아이와 놀 때도 재미 대신 목적을 가지고 말하는 연습을 시키거나 끊임없이 교정하려 들기 시작합니다. 아이에게 제일 좋지 않은 환경이 바로 재미없는 놀이를 반복적으로 시키는 것인데 말이죠. 아이는 엄마의 행동에 스트레스를 받게 되고 애착 대상인 엄마와 행복한 시간을 만들 기회를 놓쳐버립니다. 이런 시간이 반복되면 작은 문제가 있었던 아이는 어느새 큰 문제가 있는 아이가 됩니다. 불안감에 자신의 에너지를 소진하는 대신 즐거운 놀이 활동을 하는 데 중점을 두세요.

아무래도 아이가 영재 같다고요?

영재아를 둔 부모도 비슷합니다. 아이가 조금이라도 남다른 기미를 보이면 '드디어 우리 집에 영재가 태어났구나' 하고 설레합니다. 한 번 들은 음악을 흥얼거리면 음악 영재가 아닐까 음감 테스트를 받고, 세 살에 글을 읽으면 웩슬러 지능검사를 받으며 영재원을 기웃거리죠. 말을 하고 셈을 하고 그림을 그리는 아이의 매 순간 엄마들은 작은 단서 하나로 희망과 기대를 높입니다.

이렇게 엄마들이 앞서나가기 시작하면 과한 사교육이 뒤따릅니다. 또한 '아이를 이렇게 놔둬도 될까', '어떻게 해줘야 영재성을 발현하게 될까' 고민하며 아이의 미래에 대한 또 다른 걱정을 하기 마련이죠.

엄마가 보기에 특출하더라도 아이가 꼭 영재인 것은 아닙니다. 우리가 통계적으로 혹은 뇌과학적으로 정의하는 영재는 특정기능영역(다중지능) 검사나 웩슬러 지능검사를 했을 때 전반적인 지능이 일반 아이들에 비해 뚜렷하게 높은 아이를 말합니다. 점수로 말하자면 평균 아이큐가 80에서 120 사이인 경우, 10~20점이 더 높은 140점에 해당할 때 영재의 가능성이 있다고 볼 수 있습니다.

엄마들은 이런 객관적인 판단에 근거하지 않은 채, 세 살에 글자를 읽었다거나 네 살에 구구단을 외웠다는 등 몇 가지 사례에 집착해 아이의 기능을 높이 평가합니다. 하지만 아이들의 발달 속도에는 차이가 있습니다. 모든 아이가 보편적인 수준으로 같은 발달 단계와 속도를 보이는 것은 아닙니다. 평범한데 영재로 보이는 이유는 아이가 일찍부터 관심을 갖는 대상 때문입니다. 예를 들어 조직화된 대상 즉 숫자나 달력의 날짜, 시계 보는 일에 유난히 관심을 보이는 아이들이 있습니다. 18~24개월 사이의 어린아이가 숫자에 관심을 가지면 수를 빨리 익히게 되고, 많은 부모들이 이 아이를 영재로 오해합니다. 하지만 아이가 유난히 그 부분에 관심이 많고 반복적으로 노출된 것일 뿐 진짜 영재여서가 아닙니다. 아이들이 자라면서 다른 분야에 관심을 갖게 되면 점차 이 기능은 보통의 아이들과 비슷한 속도로 맞춰질 수 있습니다. 아이가 보이는 몇 가지 특성 때문에 아이를 영재로 굳게 믿고 영재 교육에 빠지면 오히려 부정적인 면이 생길 수 있습니다. 결핍을 걱정하는 부모와 마찬가지로, 특정한 몇몇 특성에 집착하면 건강한 발달에 긍정적 영향을 끼칠 수 있는 환경을 마련해줄 수 없습니다.

부모가 왜 두뇌 발달을 알아야 할까요?

아이가 특출해 보여 엄마가 앞서나가는 것도, 조금 늦되다고 재촉하는 것도 모두 극단적인 태도입니다. 두 경우 모두 엄마가 지나친 불안에 빠질 위험성이 큽니다. 아이는 모두 저마다의 속도로 걷고, 말하고, 글을 읽고 하나둘 발달해갑니다. 발달의 가속페달을 먼저 밟는다고 해서 계속 앞서나가는 것도, 늦게 밟는다고 해서 계속 뒤처지는 것도 아니죠. 속도보다 중요한 점은 부모가 아이의 개인차를 존중해주는 것입니다. 모든 아이는 유일한 존재이고 모두 다릅니다.

그렇다면 아이의 발달을 파악하고 원만하게 성장하게 하려면 어떻게 해야 할까요? 부모가 두뇌 발달을 제대로 이해하면 됩니다. 아이의 발달에서 가장 중요한 것은 '두뇌'이기 때문이죠. 두뇌는 신체, 인지, 정서 등 인간의 모든 감각과 신경을 관장합니다. 자존감, 창의력, 집중력, 도덕성 등 사는 데 필요한 자질들은 모두 두뇌를 통해 개발됩니다.

더불어 아이는 자라면서 무한한 가능성 아래 복잡한 발달 과정을 거칩니다. 자연스러운 과정이지만, 갑작스러운 변화는 엄마들을 당황하게 만듭니다. 미리 뇌의 발달 과정을 알아두면 아이가 지금까지와는 다른 행동이나 새로운 능력을 보일 때 한결 여유로우면서도 현명한 태도로 대처할 수 있습니다. 그러므로 부모가 두뇌 발달 – 발달 시기와 과정, 그 안에 숨은 의미 – 을 제대로 이해하면 각 아이의 개인차를 자연스레 존중하게 되고 과한 걱정도, 지나친 욕심에서 오는 좌절감도 겪지 않게 됩니다.

자존감, 창의력, 집중력, 도덕성 등 대부분의 자질은 두뇌를 통해 발달해요

부모의 집착, 초조, 불안이 아이 발달을 방해해요

아이 발달에 가장 중요한 것은 '두뇌'예요

두뇌를 알면 발달의 개인차, 복잡한 과정을 이해할 수 있어요

아이마다 생김새가 다르듯 발달 시기, 부분, 속도가 달라요

대뇌와 시냅스만 알아두세요

두뇌 이야기는 어렵습니다. 단어도 생소하고, 구조도 복잡하죠. 그럼에도 부모가 두뇌를 알아야 할 이유는 분명합니다. 인지, 신체, 정서 등 사람의 모든 감각과 신경을 관장하는 기관이기 때문이죠. 또한 부모가 두뇌 발달을 이해하면 막연한 불안감이 줄어들고, 그만큼 아이도 엄마와 편안하고 안정된 관계를 이룰 수 있기 때문입니다. (혹은 어떤 환경에서 자라느냐에 따라 두뇌 기능이 달라질 수 있기 때문입니다.)

그렇다고 부모가 아이 발달을 이해하기 위해 두뇌의 모든 걸 알아야 할 필요는 없습니다. 가장 기본이 되는 대뇌와 시냅스만 알아도 발달에 필요한 두뇌의 기능과 구조를 이해할 수 있습니다.

대뇌

머리뼈 안쪽 가장 표면에 자리하는 대뇌. 이 안에 수억 개의 신경세포가 들어 있습니다.

시각·청각 같은 감각 기능, 운동 기능, 기억·집중·사고 등의 주요 기능을 담당하며 수학·언어 등 우리가 학습하는 지식과 정보가 담겨 있습니다.

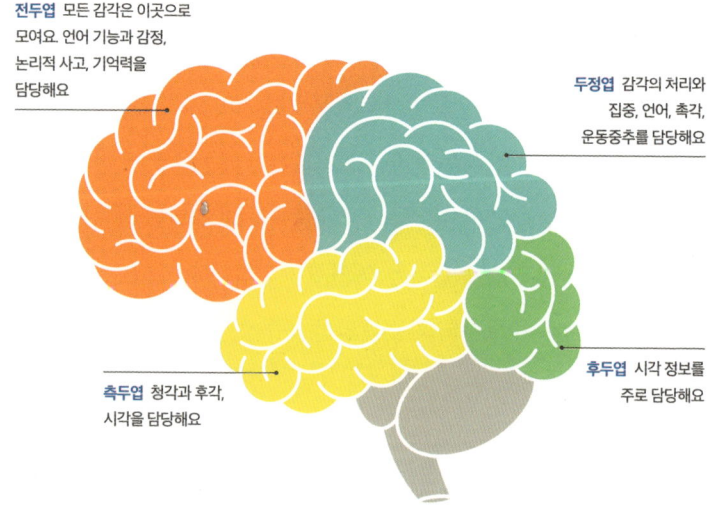

전두엽 모든 감각은 이곳으로 모여요. 언어 기능과 감정, 논리적 사고, 기억력을 담당해요

두정엽 감각의 처리와 집중, 언어, 촉각, 운동중추를 담당해요

측두엽 청각과 후각, 시각을 담당해요

후두엽 시각 정보를 주로 담당해요

신경세포와 시냅스

시냅스가 더 많이, 촘촘하게 연결될수록 두뇌가 발달하고 지적 능력이 높아집니다.
시냅스의 연결은 만 3세 무렵까지 가장 활발하며 이때 평생 필요한 양의 두 배가 만들어집니다.
성인기에도 시냅스는 만들어지지만 기대만큼 활발하지 않습니다.

우리가 외부로부터 받은 자극은 감각기관을 통해 신경세포로 전달돼요. → 신경세포는 자극을 또 다른 신경세포에게 전달해줘요. 이때 자극을 전달하기 위해 시냅스를 만들어요. → 자극을 많이 주고받을수록 시냅스는 더 많이 생겨나요.

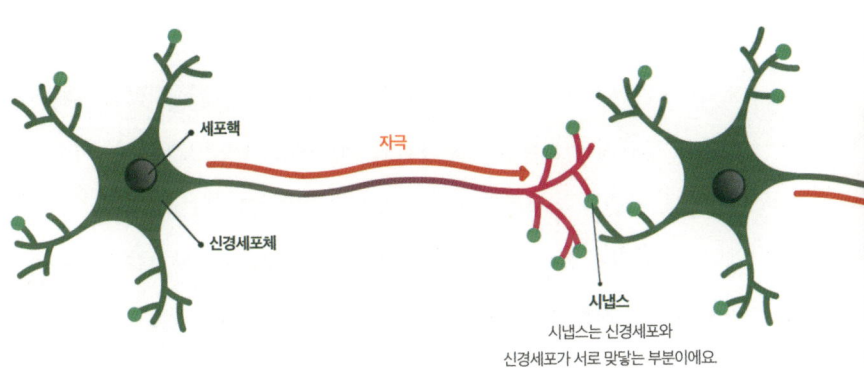

시냅스는 신경세포와 신경세포가 서로 맞닿는 부분이에요.

모든 아이의 두뇌에는 공통 법칙이 있어요

1. 아이의 두뇌는 미완성이에요

아이의 뇌는 엄마 배 속에서 20~30퍼센트만 자랍니다. 나머지는 출생 후 성장하면서 완성됩니다. 대부분의 동물은 태어나 별다른 훈련 없이도 바로 걷고 뛰는 등 어미의 행동을 그대로 따라하는데, 인간만이 유일하게 걷지도, 말하지도, 대소변을 가리지도 못하는 미숙한 상태, 생존 능력 제로의 상태로 태어나는 것이죠.

하지만, 여기에 인간의 뇌가 가진 탁월함이 있습니다. 아기의 두뇌는 도화지처럼 깨끗한 상태로 태어나 주변 환경이 주는 자극을 스펀지처럼 흡수하고, 환경에 맞춰 적응하고 성장합니다. 예를 들어 원시시대에 태어난 아이의 뇌라면 그 세상이 주는 자극을 받아들이며 수렵과 채취에 맞는 뇌로 성장합니다. 4차 산업혁명 시대에 태어난 아이는 새로운 세상에 걸맞은 두뇌 발달을 이루어가고요.

찰흙과 같이 외부 자극에 의해 끊임없이 변화하며 어떤 상황, 어떤 환경에 처하든지 적응할 수 있는 무한한 잠재력. 이것이 바로 두뇌의 첫 번째 특성이며 이를 '신경가소성'이라고 합니다. 신경가소성은 평생에 걸쳐 일어나지만 가장 활발한 시기는 만 7세까지입니다. 영아기, 유아기, 학령기, 청소년기를 거쳐 어른이 될수록 변화 정도가 점점 줄어들죠. 영유아기 자녀의 두뇌 발달에 관심을 기울여야 하는 이유가 여기에 있습니다.

2. 지속적으로 자극해야 두뇌가 튼튼해져요

어렸을 때 열심히 배운 피아노 연주가 어른이 되어 전혀 기억나지 않는 이유는 무엇일까요? 수업 시간에 달달 외우던 영어 단어들인데, 10년 뒤엔 '헬로'밖에 떠오르지 않는 건 왜일까요? 바로 자극이 지속되지 않았기 때문입니다.

외부에서 자극이 들어와 신경세포 사이에 시냅스가 연결됐다고 해도, 그 연결이 평생 유지되는 건 아닙니다. 뇌는 지속적인 자극이 없으면 '필요 없네'라고 판단하고 그 시냅스를 잘라내죠. 반대로 반복해서 자극받는 시냅스는 필요한 부분이라고 판단해 더 많이, 더 튼튼하게 연결하기 마련이고요. 숟가락질, 젓가락질처럼 생존에 필요한 능력은 매일매일 자극이 지속적으로 전달되면서 시냅스가 자연스레 유지됩니다. 하지만 악기 연주, 외국어 공부, 골프 스윙 같은 고급 운동 기술은 꾸준히 연습하지 않으면 그 시냅스가 사라져버리는 것입니다. 어렸을 때 영재 소리를 듣던 아이가 학교에 들어가서 게임에만 빠져 지내면 아이의 두뇌는 '아, 이 아이에게는 게임이 중요하구나'라고 인식합니다. 자연히 아이의 뇌는 깊이 사고하고 판단하는 능력 대신 가벼운 자극에 반사적으로 반응하는 능력을 키우는 등 게임을 위해 최적화된 두뇌로 재구성됩니다.

시냅스가 유지되거나 사라지는 것, 신경세포 사이의 무수히 많은 연결에는 '자극'이라는 조건이 필요합니다. 그러므로 아이에게 특정한 능력을 갖게 하고, 그것을 제대로 발휘할 수 있게 하려면 그만큼의 시간과 노력이 든다는 사실을 기억하세요. 시간과 노력을 기울여 자극을 지속해야 튼튼한 시냅스가 만들어집니다.

3 아이 두뇌는 사용할수록 발달해요

"어릴 적부터 자극을 많이 주는 것이 두뇌 발달에 좋을까요?" 아이에게 지속적인 자극이 필요하다고 하면 많은 부모들이 아이에게 새로운 물건, 장소, 경험을 안겨주려 애씁니다. 그러나 이 말은 반은 맞고 반은 틀립니다.

반복적인 자극으로 시냅스를 튼튼하게 하는 것만큼 중요한 것이 '가지치기'입니다. 앞서 언급한 것처럼, 사용하지 않는 부분은 불필요하다고 생각해 제거해버리는 것이죠. 곧고 튼실한 나무를 만들기 위해 잔가지를 쳐내는 것과 같은 원리라고 생각하면 이해하기 쉽습니다. 만약 시냅스만 활성화된다면 그만큼 많은 시냅스로 자극을 전달해야 하기 때문에 자극이 분산되고, 분산된 자극은 약해집니다. 약해진 자극은 제대로 전달되거나 처리되지 않습니다. 가지치기를 통해 불필요한 시냅스를 정리하고 필요한 시냅스만 남겨야 아이의 두뇌가 한 단계 업그레이드됩니다.

가지치기에서 살아남은 시냅스는 더욱 강화됩니다. 전과 같은 양의 자극을 받아도 더 활발하게 반응하고 더 섬세한 회로를 만들어내죠. 예를 들어 아이가 책을 읽는다고 하면, 가지치기 전에는 단순히 '독서'라는 자극을 통해 읽기, 말하기, 쓰기 같은 시냅스를 만들어내고 유지합니다. 그러나 가지치기 후에는 두뇌가 '이 아이에게는 독서를 통해 이해하고 생각하는 활동이 무척 중요하구나'라고 판단해 이해력, 사고력 등 고차원적인 능력이 가능하도록 시냅스를 만들어갑니다.

> 두뇌가 사용하지 않는 시냅스는 불필요하다고 판단해버리는 것을 가지치기라고 해요. 반대로 자주 사용하는 시냅스는 필요하다고 판단해 가지치기로부터 보호하고, 강화시켜요.

4 학습하는 뇌는 천천히 발달해요

자극에 의한 두뇌 변화는 유아기에 가장 활발합니다. 그래서 영유아기, 특히 0세에서 만 3세 시기에 관계와 자극이 중요하고, 이때 의미 있는 상호작용이 필요합니다. 그러나 두뇌는 연령뿐만 아니라 영역에 따라서도 발달 시기와 속도가 다릅니다. 짧은 시간 안에 시냅스가 연결되고 활성화되는 영역이 있는가 하면 오랜 시간 천천히 연결되거나 가지치기가 늦게 시작되고 완성되는 영역이 있습니다.

생존과 관련한 두뇌 영역은 빨리 만들어지지만 학습처럼 복잡하고 고차원적 기능이 필요한 영역은 오랫동안 섬세하게 다듬어집니다. 예를 들어 청각 영역을 담당하는 측두엽 바깥쪽은 임신 8~9개월 무렵 태아기에 시냅스가 활성화되고 가지치기가 완성됩니다. 아무것도 하지 못하는 아이에게 자신을 지켜줄 엄마의 목소리를 기억하는 일은 생존에 필수이기 때문입니다. 반면에 사고, 기획, 판단, 자기 조절을 담당하는 전두엽은 5세는 돼야 시냅스가 만들어지기 시작하고, 가지치기는 대략 12~13세 무렵 시작되어 20대 초반까지 일어납니다.

이렇게 영역에 따라 발달 시기가 다르다는 사실은 자극 – 활동, 놀이, 교육 등 – 도 발달 단계에 맞춰야 한다는 것을 의미합니다. 시기에 맞지 않는 자극은 무의미한 낭비이고 제대로 된 효과도 볼 수 없습니다. 운동 영역의 시냅스가 발달하고 가지치기하는 유아기에 공부만 시킨다면 아이는 정작 그 시기에 필요한 자극을 받지 못해 운동 능력을 발달시킬 기회를 빼앗기는 것이죠. 공부로 인한 효과도 노력 대비 얻지 못합니다. 이른 자극이 아이의 두뇌 발달에 무조건 해악을 끼친다고 말할 수는 없지만 비용, 에너지, 시간을 생각한다면 그다지 도움이 되지 않는다고 볼 수 있습니다. 아이의 발달 단계에 맞는 자극에 시간과 노력을 쏟기를 권합니다.

	청각	전두엽
시냅스 활성화	임신 7개월	4세
가지치기	임신 7~8개월	12~13세
완성	임신 8~9개월	20대 초반

5. 아이의 두뇌는 유전자와 환경의 합작품이에요

병원에 있으면서 부모들에게서 가장 많이 듣는 질문은 "똑똑한 아이는 타고나는 걸까요?"입니다. 결론부터 말하자면 똑똑한 부모의 자녀도 공부를 못할 수 있습니다. 아이의 두뇌는 유전자와 환경의 합작품입니다.

아이의 두뇌 발달에 유전자가 매우 중요하긴 합니다. 그러나 부모가 유전자라는 틀을 자녀에게 물려주어도 그 수많은 유전자들이 아이의 특성이나 기질로 나타나는 건 아닙니다. 아이가 어떤 환경에서 살아가느냐, 어떤 경험을 하느냐에 따라 어떤 유전자는 나타나고 어떤 유전자는 내재된 채 평생 표현되지 않기도 하죠. 유전자가 나타나거나 나타나지 않는 데는 바로 '환경 자극'이라는 원칙이 있어요. 스위치가 달린 것처럼 특정 교육을 받으면 그와 관련된 유전자의 스위치가 탁! 켜지면서 작동하는 식이죠. 여기서 유전자와 환경은 반대 개념이 아니라 요철처럼 서로 맞물려 있습니다. 즉 아이의 뇌는 유전적 특성을 바탕으로 기본 구조가 만들어지고, 여기에 환경적 자극이 더해져 완성되는 것입니다.

특히 마음과 행동을 지배하는 유전자들은 이 원칙을 더 잘 따릅니다. 위나 간, 심장 등 우리 몸을 구성하는 여러 장기의 기능은 부모의 유전자를 그대로 받아 발현된다고 해도 무리가 없을 만큼 고정된 상태입니다. 심장의 운동량이나 간의 술 해독량은 유전이 좌우할 뿐 환경에 의해 크게 바뀌지 않습니다. 하지만 생각이나 행동, 감정과 관련된 유전자, 즉 뇌에 있는 유전자들은 환경에 따라 많이 달라집니다. 어떤 성향의 유전자가 나타날지 아닐지, 어떤 기능의 유전자가 활성화된다면 어느 정도 활성화될지 등은 환경의 영향을 크게 받습니다.

그러므로 우리 아이가 공부 머리를 타고났는지 따지기보다 아이가 잠재력을 발휘할 수 있는 환경을 마련해주는 것, 이것이 부모의 역할일 겁니다. 우리 아이는 영아기 – 유아기 – 학령기 – 청소년기 동안 유전과 환경이 합작해 만든 뇌로 평생을 살아갑니다. 이것이 바로 부모들이 아이의 두뇌에 관심을 기울여야 하는 이유입니다.

Tip

아이가 좋아하는 놀이가
뇌를 똑똑하게 만들어요

혹시 '합목적성'이란 단어를 아시나요? 어떤 목적을 이루기 위해 존재하는 적합한 성질을 합목적성이라고 합니다. 두뇌 발달에 있어서도 이 '합목적성'이 적용되지요. 아이들은 발달하기 위해 스스로 목적성 있는 활동(놀이 혹은 주변 사람들과의 상호작용)을 하는 것입니다. 때가 되면 자신에게 필요하고, 자신이 좋아하고, 자신의 능력이 되는 놀이나 활동을 통해 필요한 기능을 자연스럽게 얻도록 뇌가 준비시키는 것이죠.

아이가 관심을 갖는 활동에 엄마도 집중해주세요. 블록을 쌓고 싶어하는 때는 블록 놀이를 통해, 카시트 벨트를 스스로 매고 싶어하는 시점엔 고사리손으로 벨트 버클을 잡아가며 자신에게 필요한 소근육 운동과 눈과 손의 협응력을 발달시킵니다.

월령이 됐다고 해서 젓가락질을 시키고, 단추를 꿰는 연습을 하고, 신발끈을 매도록 유도하지 마세요. 엄마가 미리 일정을 짜서 아이에게 들이밀면 아이는 지루해하고 엄마도 지칠 수밖에 없습니다. 아이가 그때그때 재미있어하는 활동을 마음껏 할 수 있도록 기다려주고, 뒤따라가고, 확장할 수 있게 도와주세요. 가령 그림을 좋아해 하루 종일 종이에 그림을 그리는 아이라면 물감, 크레파스, 털실 등 다양한 재료를 준비해주시면 됩니다. 작은 스케치북만이 아니라 천이나 벽지, 칠판, 모랫바닥 등 좋아하는 활동을 마음껏 할 수 있는 환경을 마련해주세요.

> 생각, 행동, 감정 등 두뇌와 관련된 부분은 환경에 따라 달라져요

> 위, 간, 심장 등 신체 장기는 유전의 영향이 강해요

> 아이의 두뇌는 유전자와 환경 자극으로 완성돼요

> 두뇌가 발달할 수 있는 환경을 마련해주세요

2장

똑똑한 두뇌는
0-12세에
만들어집니다

0-3세, 애착

0세부터 3세는 의미가 큰 시기입니다. 많은 전문가들이 '첫 3년', '0 to 3', '위대한 1000일' 등 이 시기를 강조하는 수식어를 사용할 정도죠. 그 이유는 생후 3년 동안 아이의 뇌가 급격히 발달하기 때문입니다. 인간의 뇌는 태어나서 죽을 때까지 변화하지만 변화의 정도와 속도가 가장 빠른 시점이 바로 0세에서 3세입니다. 아이는 주변의 환경 자극을 고스란히 흡수하며 부지런히 뇌를 발달시킵니다. 자기 속도에 맞춰 사물을 보고, 감정을 느끼고, 여러 소리를 듣고, 세상을 맛보며 자기를 둘러싼 환경에 완벽하게 적응하기 위해 성장하는 것이죠. 이 시기에는 두뇌 발달의 첫 번째 핵심 기능인 '애착'이 완성됩니다.

두뇌 발달은 탄탄한 애착에서 시작해요

부모와 아이가 관계를 맺는 첫 단추이자 똑똑하고 행복한 뇌를 만드는 첫 번째 요소가 '애착'입니다. 애착은 부모와 아이 사이에 형성되는 정서적 유대 관계입니다. 엄마나 아빠에 대한 믿음 즉 신뢰감을 바탕으로 형성되죠. 애착이 안정적이라는 것은 부모에 대한 믿음이 탄탄하다는 것을 의미합니다.

캄캄하기만 하던 엄마의 배 속에서 나온 아이에게 이 세상은 낯설고 무서운 곳입니다. 갓 태어난 아이는 이 세상이 어떤 곳인지 모르죠. 이렇게 불안하고 두려울 때 가장 자주 얼굴을 보여주는 대상이 자신에게 관심을 보이고 잘 돌봐주면 아이는 '이 세상은 좋은 곳이구나, 안전한 곳이구나'라는 편안한 마음을 갖게 됩니다.

이런 마음을 바탕으로 아이는 세상에 대한 긍정적인 관심과 애정을 키웁니다. 세상에, 사물에, 다른 사람에 대해 궁금해하고 호기심을 갖습니다. 또한 편안한 마음으로 하루를 보내며 정서적으로 안정된 아이가 됩니다. 부모와 안정된 애착을 맺은 아이들은 눈치를 보거나 불안해하지 않습니다. '내가 불편할 때는 우리 엄마가 도와주겠구나'라고 든든해하고 '내가 어떤 행동이나 말을 해도 엄마아빠는 내 편이구나'라는 안정감을 느낍니다.

Tip

애착의 세 가지 유형

만 36개월 무렵이 되면 아이가 부모와 얼마나 안정된 애착을 맺고 있는지 알 수 있습니다. 대표적인 실험이 '낯선 사람과의 상황 실험(Stranger Situation Test)'입니다. 낯선 사람이 나타났을 때, 엄마와 5분가량 떨어져 있을 때, 엄마가 다시 돌아왔을 때 아이가 보이는 반응에 따라 아이의 반응을 살피는 것입니다. 그 애착은 세 종류로 나눌 수 있습니다.

안정 애착
건강한 애착 유형으로 전체 아이들 중 70퍼센트가 해당됩니다. 이 유형의 아이는 엄마와 함께 재미있게 놀고 있을 때 낯선 사람이 나타나도 엄마에게 집중합니다. 엄마가 "잠깐 나가서 전화하고 올게, 잠깐만 혼자 놀고 있어. 금방 돌아올 거야"라고 말하면 처음에는 불안해하고 가지 말라고 조릅니다. 그러나 다시 설명하면 상황을 이해하고 불안해하면서도 보내줍니다.
엄마가 떠난 후에 다시 돌아온다는 사실을 믿기 때문에 하고 있던 놀이에 집중하고, 엄마가 돌아오면 반가워합니다. 간혹 "왜 이제 와?", "보고 싶었어"라고 투정을 부려도 달래주면 이내 가라앉고 다시 엄마와 함께 즐거운 놀이 활동을 지속합니다. 약간의 투정이나 보챔이 있을 수 있지만, 부모와 비교적 건강한 관계를 맺은 상태입니다

불안정 회피 애착
이 유형의 특징은 엄마가 자리를 비울 때와 곁에 있을 때 별다른 반응을 보이지 않는 것입니다. 부모와 함께 놀 때도 같이 논다기보다는 각자 따로 노는 경향이 있습니다. 낯선 사람이 들어오면 호기심을 보이고, 부모와의 놀이 활동이 줄어듭니다. 엄마가 자리를 비울 때도 신경 쓰지 않고, 돌아와도 별로 반가워하지 않습니다. 약 20퍼센트의 아이들에게서 볼 수 있으며 불안도가 높거나 주의력이 산만한 등 조금 불안정한 상태입니다.

불안정 저항 애착
상호작용이 부정적인 유형으로, 안정 애착을 보이는 아이와 반대 모습을 보입니다. 부모와 함께

있으면 집착하고 치댑니다. 낯선 사람이 들어와도 관심을 보이지 않고, 엄마가 잠시 자리를 비운 다고 하면 절대 떨어지지 않으려 하는 등 엄마의 부재에 강한 감정 반응을 보입니다. 억지로 엄마와 떨어지면 엄마가 다시 안 올 것 같은 심각한 두려움에 휩싸여 돌아올 때까지 울고 떼를 쓰며 독립적으로 놀지 못합니다.

엄마가 돌아온 후에도 소리를 지르거나 때리는 등 공격성을 보입니다. 토닥이며 달래줘도 아주 긴 시간 동안 감정 표현을 강하게 합니다. 이런 아이들은 자란 후에도 여러 문제 행동을 일으킬 가능성이 있습니다. 적응력이 떨어지는 아이들로 전체의 약 10퍼센트가 이러한 불안정 저항 애착 상태를 보입니다.

아이와 엄마의 애착은 상호적이에요

우리나라 엄마들의 특징 중 하나는 죄책감이 크다는 점입니다. 아이에게 문제가 생겨서 병원을 찾은 엄마들은 '산후 우울증 때문에 아이와 제대로 놀아주지 않아서', '직장에 다니느라 아이를 다른 사람에게 맡겨서' 등등의 이유를 대며 문제의 원인을 자신에게서 찾곤 합니다. 그러나 부모와 아이의 관계 질이 전적으로 엄마에게만 달린 것은 아닙니다. 아이와 엄마의 관계는 상호적입니다. 아이의 타고난 유전적 기질이나 사회적 특성이 부모와의 관계에 영향을 미칩니다. 아이가 유난히 사회적 상호작용이 적은 성향일 수도 있고 타고나기를 회피적이고 불안이 높을 수도 있습니다. 이런 유전적 특성을 간과한 채 부모의 역할에만 초점을 맞추면 '엄마가 이렇게 해줬어야 한다'라며 엄마에게 책임을 돌리게 됩니다. 자연히 아이에게 작은 문제만 불거져도 엄마들은 죄책감을 느끼게 되죠.

엄마와 아이가 서로 사랑하고 좋은 관계를 이루기 위해서는 아이도 엄마에게 반응하고 사랑을 표현해야 합니다. 모성애는 일방적으로 생기는 감정이 아니기 때문입니다. 또한 아이를 낳았다고 해서 저절로 모성애가 생기는 것도, 엄마라고 해서 모두가 같은 강도의 모성애를 느끼는 것도 아닙니다. 아이가 엄마에게 특별한 반응을 보일 때 엄마에게 훨씬 강렬한 모성애가 샘솟습니다.

애착도 대물림돼요

또 하나 기억해야 할 점은 애착 유형이 대물림될 수 있다는 사실입니다. 부모와 아이의 애착이 상호적이듯, 어린 시절 자신의 부모와 안정된 애착 관계를 맺지 못한 사람은 부모가 된 후 자신의 아이와 건강한 애착 관계를 맺지 못할 가능성이 높다고 합니다.

미국의 심리학자인 메리 메인(Mary Main)은 부모들의 애착에 대해 연구했습니다. 부모들에게 자신의 부모와의 애착 경험을 물어보는 인터뷰로, 아이와의 애착은 부모와의 애착 관계와 70퍼센트가량 일치한다는 연구 결과가 나왔습니다.

하지만 아무리 부모와 불안정한 애착 관계를 맺었다 하더라도 자신과 부모와의 관계를 인식하고 이해하면 이 고리를 끊을 수 있습니다. 아이와 엄마가 불안정한 애착을 맺는 상황에는 세 가지 필요조건이 있습니다. 엄마가 아이에게 무관심할 때, 웃어주거나 감정을 표현하는 등 정서적 자극을 주지 않을 때, 아이의 스트레스에 둔감하게 반응할 때입니다. 이 세 가지가 결합되면 불안정한 애착 관계를 맺게 됩니다. 자신의 부모와 불안정한 애착 경험을 가진 부모는 관심 어린 돌봄을 받은 경험이 없어 무의식적으로 아이에게 무관심한 태도를 보이는 경향이 있습니다. 아이가 관심을 요구할 때도 자신이 경험했던 냉정한 반응을 보이면서 건강하지 못한 애착 관계를 맺게 됩니다.

이를 바꿀 수 있는 가장 좋은 방법은 부모 교육 혹은 상담, 정신 치료를 통해 부모와 자신과의 애착 유형을 살피고 인식하는 것입니다. 이때 '인식'한다는 것은 단편적으로 혹은 지식적으로 '이런 유형이다'라고 파악하는 것 이상으로 자기 자신과 부모와의 관계를 충분히 돌아보고, 정서적으로 받아들이는 것을 말합니다. 마음속으로 자신의 상태를 인식하는 것만으로도 '내가 아이에게 너무 관심을 기울이지 않는구나, 보다 섬세하게 아기를 돌봐줘야 하는구나'라고 느끼고 아이를 대하는 태도가 바뀔 수 있습니다.

물론 쉬운 과정은 아닙니다. 냉랭한 부모 밑에서 컸다는 것은 가슴 아픈 경험으로, 많은 좌절을 느끼며 자랐다는 것을 말합니다. 그렇기에 이 사실을 돌아보는 것만으로도 고통을 느끼게 됩니다. 하지만 **도와주는 사람(가족, 치료자, 상담가 등)과 함께, 자신과 부모 간에 있었던 관계의 어려움을 오랜 시간 충분히 들여다보고, 어떻게 이런 문제를 갖게 됐는지 파악하면 변화가 가능합니다.**

아이는 배 속에서부터 애착을 준비해요

갓 태어난 아이들을 떠올려보세요. 아이는 태어난 순간, 아니 그 이전부터 관계 맺기에 아주 적극적입니다. 그 첫 번째 근거는 아기의 청각 발달이죠.

아기의 뇌는 청각 중추를 일찍 발달시킵니다. 임신 중기 엄마의 배 속에서부터 만들어져 임신 9개월 무렵이면 바깥 소리를 꽤 선명하게 들을 수 있습니다. 물론 배 속에 있고 양수와 양막에 둘러싸여 있기 때문에 엄마의 목소리가 100퍼센트 선명하게 전달되지는 않지만, 수영장 물속에서 바깥 소리를 들을 때와 비슷한 정도로 들을 수 있습니다. 뇌 발달 연구를 통해서 확인된 놀라운 사실은 청각 중추의 가지치기 역시 다른 뇌 부위에 비해 아주 빨리 완성된다는 것입니다.

이렇게 뇌가 청각 기능을 일찍 만드는 이유는 생존 때문이고, 그것은 바로 생존에 가장 중요한 엄마와의 관계 때문입니다. 태어난 아기는 전적으로 엄마에게 의존해서 살아가야 하기 때문에 배 속에서부터 엄마의 목소리를 들으며 엄마를 인식하는 게 중요합니다. 가장 먼저 완성되는 뇌의 청각 중추는 태어날 때까지 몇 달간 엄마의 목소리에 익숙해질 수 있도록 돕습니다. 즉 자신의 생존에 가장 중요한 대상인 엄마의 목소리를 일찍부터 듣고 기억하기 위해서죠.

갓난아이가 엄마의 목소리를 일찍부터 구별할 수 있는지를 확인하는 실험이 있습니다. 생후 12주 정도 된 신생아를 대상으로 엄마와 비슷한 목소리를 지닌 6명의 여성이 아이 이름을 부를 때, 아이가 엄마 목소리에 정확하게 반응하는지를 보는 실험이지요. 결과는 놀라웠습니다. 실험을 시행하는 연구자들도 목소리를 구별하기 힘든 상황에서 아이는 정확하게 자신의 엄마 목소리에 반응하며 목소리가 들려오는 방향으로 시선을 돌렸습니다. 또한 뇌의 정서 반응 영역이 활성화되는 모습을 보였습니다.

아이가 애착을 준비하고 태어난다는 다른 근거는 본능적으로 사람 얼굴을 더 좋아한다는 것입니다. 0세부터 3세 아이에게 여러 그림을 보여주면 선호하는 그림을 훨씬 더 오래 쳐다보는데, 특히 사람 얼굴과 비슷한 형상의 그림을 훨씬 더 오래 쳐다본다는 것을 알 수 있습니다. 이 사실은 아이가 태어날 때부터 사회적 존재라는 것을 의미합니다. 이런 사람에 대한 선호, 친사회성이 엄마에게 보다 능동적인 애착 반응을 보일 수 있게 도와주고, 주변 사람들과 적극적으로 관계를 맺을 수 있게 도와줍니다. 아이들의 사회성은 DNA에 깊이 새겨진 매우 본능적인 행동 양식인 것이죠.

아이와 엄마의 애착 관계는 타고난 유전적-기질적 사회성에 큰 영향을 받습니다. 엄마의 모성은 관계를 촉진시키는 것이지 결정하는 것이 아닙니다. 양육 태도 역시 마찬가지고요. 애착이 잘 형성되지 않는 것에 대해서 엄마가 자신을 탓하며 자신감을 잃어버릴 일이 아닙니다. 그러므로 아이와의 애착 관계를 살펴볼 때 아이의 기질, 특성, 사회성 표현 정도를 관찰하는 것이 중요합니다. 이를 위해서는 성실하게, 꾸준하게 호기심을 갖고 아이와의 관계 속에서 드러나는 아이의 기질을 관찰해야 합니다. 그리고 아이가 실제로 애착 형성이 어려운 성향이라면 아이의 애착을 증진시킬 수 있는 자극을 주는 것이 필요합니다.

Tip

기질적으로 애착 형성이 힘든 아이,
애착을 향상시키는 상호작용

1단계. 생후 12개월까지 무조건적 수용
아이를 무조건 수용해주는 태도가 도움이 됩니다. 아이가 스트레스를 받는 상황에서 방치하거나 참으라 하는 대신 그때그때 욕구를 해결해주세요. 아이가 좋아하는 장난감이 있으면 마음껏 가지고 놀도록 하고, 밖에서 노는 것을 좋아하면 놀이터에서 많이 놀아주고 산책을 자주 하는 식으로 아이가 좋아하는 것을 무조건 따라주세요.

2단계. 스킨십과 적절한 놀이 자극
아이에게 스킨십을 이용한 놀이 자극을 충분히 주세요. 단순히 놀아주는 것이 아니라 엄마도 아이와 함께 재미있게 놀아보세요. 눈맞춤 놀이를 하고, 간지럼을 태우고 마사지를 해주는 등 스킨십과 놀이 자극이 아이의 애착을 높이는 데 도움이 됩니다. 이때 아이가 재미있어해야 하지만 엄마도 재미있어하면 효과는 몇 배로 커집니다.

3단계. 생후 18개월 이후 독립적 놀이
18개월이 넘어가면 아이에게 욕구가 생깁니다. 이 욕구를 존중하고 격려해주세요. 아이를 파트너로 해서 노는 독립적 놀이를 집중적으로 해주세요. 소꿉놀이, 유치원 놀이, 병원 놀이 등 역할놀이를 통해 서로 상호작용을 할 수 있는 연습을 해보세요.

생후 12개월까지 양육의 3원칙을 명심하세요

그렇다면 안정적인 애착을 쌓으려면 어떻게 해야 할까요? 안정된 애착을 쌓기 위해서는 먼저 생후 12개월까지는 아이의 요구에 신속하게(Rapidly), 섬세하게(Sensitively), 일관성 있게(Consistently) 반응해야 합니다. 그래서 이때가 엄마가 아이를 키우는 데 체력적·정신적 에너지를 온전히 사용해야 하는 힘든 시기입니다.

R 신속하게 반응하세요

아이가 태어난 순간부터 아이의 요구 혹은 표현에 즉각적으로 반응해주세요. 간혹 어르신 중에는 아이가 울 때 안아주면 '손 탄다'는 이유로 아이를 방치하거나 울리라는 분들이 있습니다. 울음은 의사소통의 방법입니다. 아이의 표현에 바로 반응해줄 때 아이는 자신의 요구가 반영되는 세상에 호감을 갖고, 자신의 표현에 자신감도 갖게 됩니다.

말도 못하는 아이는 울음으로 자신의 마음이나 욕구를 표현합니다. 쉬를 하고 운다는 것은 기저귀가 축축해서 불편하다는 뜻입니다. 아이가 울면 바로 달려가서 뽀송뽀송한 기저귀로 갈아주고, 배가 고파 칭얼거릴 때는 "배고프지? 엄마가 맛있는 쭈쭈 줄게" 하고 바로 젖을 물리세요. 낮고 작은 소리로 칭얼거릴 때는 심심하거나 안아달라는 뜻이니 안아주고 말을 걸어주세요.

S 섬세하게 반응하세요

아이가 심심해서 우는데 배가 고프다고 생각해 젖을 물리거나 졸린 줄 알고 무작정 재우려고 할 경우, 아이는 자신의 요구가 받아들여지지 않는다고 생각합니다. 자신이 열심히 표현했는데 반응이 오지 않거나 기대했던 반응이 아닌 다른 반응이 올 경우, 아이는 불안감을 느낍니다. 자신의 표현이 효과가 없다는 생각에 좌절감을 겪기도 합니다. 한편으로는 원하는 것을 해주지 않는 세상에 불만 등 부정적인 느낌도 갖게 됩니다.

안정적인 애착을 위해서는 민감한 엄마의 촉(육감, Gut Feeling)이 필요합니다. 평소 아이의 표정이나 수유 주기, 낮잠 시간, 울음소리 등을 잘 관찰하세요. 아이가 몇 시간 간격으로 배고파하는지, 하루에 쉬는 몇 번 정도 하는지 일지를 써보는 것도 도움이 됩니다. 배고플 때와 졸릴 때 울음소리의 차이가 있는지, 졸릴 때 행동은 어떤지, 언제 주로 칭얼거리는지 등을 살피고, 그에 따라 취한 엄마의 행동에 대한 반응도 주시하세요. 아이가 무엇을 원하는지 섬세하게 살펴, 그 요구를 맞춰줘야 합니다.

C 일관성 있게 반응하세요

일관성은 모든 자녀 양육의 기본입니다. 아이를 늘 같은 태도로 대하는 것이 중요합니다. 엄마가 본인의 컨디션이 좋은 날에는 상냥하게 대하고 피곤한 날에는 무뚝뚝하게 반응하거나 짜증을 낼 경우 아이는 자신의 표현법이나 자신이 느끼는 감정을 올바르게 인식할 수 없습니다.

칭얼거리는데 어느 날은 활짝 웃으며 말을 걸어주고 어느 날은 화를 내면서 "조용히 좀 해!" 하고 소리친다면 아이는 언제 울어야 할지, 어떤 방식으로 울어야 할지 헷갈릴 수밖에 없죠. 다시 말해 자기 표현법을 제대로 배우지 못하고 엄마의 눈치를 살피게 됩니다. 마음속에 불안감을 키우죠.

또한 이렇게 일관성 없는 태도는 아이를 떼쓰게 만듭니다. 어제는 스마트폰을 보면서 밥을 먹게 해줬는데 오늘은 안 된다고 하면 아이는 그 차이를 받아들이지 못합니다. 한 번 해줬던 일이니 또 해달라고, 소리를 지르고 발버둥을 치며 요구를 강하게 표현하게 되죠.

이런 일을 방지하기 위해서, 그리고 애착을 탄탄하게 맺기 위해서는 기분이나 주변 환경에 따라 아이의 요구에 다르게 반응하지 마세요. 규칙과 원칙을 세우고, 일관성 있는 반응을 보이면 아이도 예측 가능한 범위 안에서 상호작용을 합니다. 그러면서 엄마와 아이 사이에 조화가 이루어지고 양육이 점점 수월해짐을 느끼게 됩니다.

엄마의 '반응'에
아이는 세상에
호감을 갖고
안정적인
애착을 쌓아가요

아이의 요구에
늘 같은 반응을
보여야 애착이
더 탄탄해져요

관심을 기울여야
아이가 무엇을 원하는지
알 수 있어요

충분한 스킨십이
애착을 높여요

두뇌를 발달시키는 최고의 자극은 피부 접촉입니다. 많은 육아서에서 아이와의 애착이나 뇌 발달을 위해 베이비 마사지, 캥거루 케어 등 아이와의 피부 접촉을 강조하는 이유입니다. 엄마와 살을 맞대는 시간은 엄마와의 정서 교류는 물론이고 실제로 뇌 발달을 자극합니다.

뇌는 피부입니다

많은 사람들이 뇌를 머릿속에 있는 내장 기관이라고 생각합니다. 그러나 간이나 심장 등 안쪽에서 만들어지는 여타 내장 기관과 달리 뇌는 피부처럼 바깥쪽에서 생겨납니다. 엄마의 배 속에서 아이가 점점 자라면서 외배엽이라는 가장 바깥쪽의 조직이 안쪽으로 말려들면서 뇌와 척수가 만들어지기 시작하고, 이것이 튜브를 만들면서 임신 3, 4개월 무렵 대뇌와 척수가 자리를 잡습니다. 뇌가 피부와 동일한 조직에서 탄생해 동그란 호두 모양으로 발달하기 전까지 피부와 붙어 있는 것이죠. 뇌의 기원은 피부라고 할 수 있습니다. 특히 생후 0세에서 3세는 뇌와 피부가 분리된 지 얼마 안 돼, 밀접하게 연결되어 있습니다. 피부 자극은 뇌를 자극하는 것과 다름없습니다.

스킨십은 아이의 건강과 직결돼요

1950년대 오스트리아 빈 출신의 르네 스피츠(René Spitz) 박사는 병원에 장기 입원하거나 고아원에 입소한 아이들에게서 성장 지연을 비롯해 감염, 우울증 증세가 자주 발생한다는 것을 발견했습니다. 조사 결과 아이들에게 가장 부족한 것은 음식도, 편안한 잠자리도 아닌 누군가와의 따뜻한 신체 접촉이었습니다. 특히 보모 한 명당 돌봐야 하는 아이가 많아 한 명 한 명 안아줄 시간을 낼 수 없는 경우에 속한 아이들이 가장 심각한 증상을 보였습니다. 관찰 결과 6개월 이내에 개별적인 돌봄을 통해 충분한 스킨십을 받을 수 있는 환경으로 보내진 아이는 다행히 회복되었지만, 장기간 스킨십이 결핍된 아이들은 회복되지 못했고 심한 경우 사망에 이르는 결과가 나타났습니다.

20세기 후반 루마니아에서는 차우세스쿠(Ceausescu) 독재 정권의 낙태 금지법과 심각한 경제 파탄, 가정 해체로 수천 명의 아이들이 버려져 수용소에서 자랐습니다. 돌봄의 손길을 받지 못한 아이들 중 많은 수가 발달 지연과 심리적 위축을 보였습니다. MRI 등의 검사로 아이들의 뇌 구조와 기능을 검사하자 뇌 전체적으로 뚜렷한 활동 감소가 보였고, 뇌 구조는 충분히 성장하지 못한 상태였습니다.

이 사례들은 따뜻한 손길과 신체 접촉이 부족한 아이들의 두뇌 신경망이 위축되고 발달에 지장이 생길 수 있다는 사실을 말해줍니다. 특히 온기 넘치는 스킨십이 부족하면 아이의 감정 조절과 연관된 변연계 신경망이 위축되고, 좋은 기분과 긍정적 판단을 내리는 정서적 능력이 망가집니다. 그 결과 외로움과 불안감, 우울감을 자주 느끼고 짜증이 많아지며 정서 반응이 위축된 아이로 자라게 됩니다.

스킨십은 청소년기 아이에게도 부모에게도 좋아요

신체 접촉이 아동과 청소년기 아이들에게도 긍정적인 역할을 한다는 연구 결과가 꾸준히 발표되고 있습니다. 초기 사회성 발달은 물론 스트레스 관리나 삶에 대한 낙관적 태도에 도움이 된다고 합니다.

아이와 스킨십을 하는 동안 부모 역시 건강해집니다. 신체 및 정서적 유대 관계와 자극에 의해 안정감을 갖게 되기 때문입니다. 스킨십은 뇌를 자극하고 양육자와의 공감을 키우는 가장 좋은 방법입니다. 젖을 먹일 때는 눕혀서 먹이는 대신 따뜻한 품에 안고 먹이세요. 많이 쓰다듬어주고, 울면 토닥여주고, 재울 때도 자장가를 불러주며 몸을 쓰다듬어주세요. 따뜻한 물로 목욕시켜주며 온몸 구석구석 자극하고, 엄마의 심장박동 소리를 들을 수 있게 안아주는 것도 좋습니다. 마사지 등 스킨십을 활용한 신체 놀이도 애착을 높이는 데 효과적입니다.

Tip
아이와 스킨십 놀이

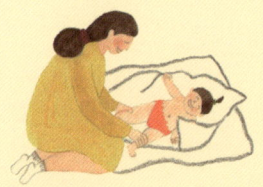 

베이비 마사지
아이는 엄마와의 피부 접촉에 섬세하게 반응합니다. 기저귀를 갈 때나 목욕 후, 낮잠을 자고 일어났을 때 짬짬이 마사지를 해주세요. 다리 쭉쭉이를 하거나 배에서 손가락 피아노 치기, 엎드려놓고 등 쓰다듬기 등 신체 접촉을 충분히 해줍니다.

엄마 배는 놀이터
누워서 아기를 배와 가슴 쪽에 올립니다. 두 손을 아기의 겨드랑이 사이에 넣고 가슴을 받쳐 엄마의 얼굴 쪽으로 당깁니다. "까꿍" 소리를 내며 아이를 배 위에 놓았다가 살짝 들어올리고 다시 배 위에 내려놓기를 반복합니다.

말타기
소파나 의자에 앉은 뒤 아이를 무릎 위에 앉힙니다. "달가닥달가닥" 소리를 내며 천천히 무릎을 위아래로 움직입니다. 빨리 움직이거나 천천히 움직여 리듬에 변화를 줍니다. 아이가 걸을 수 있을 정도로 균형 감각이 생기면 등 뒤에 태우는 것도 좋습니다.

간지럼 놀이
아이가 좋아하는 동요를 부르며 손가락 걸음으로 아이의 배나 팔, 다리 위를 지나갑니다. 영차영차, 꼼실꼼실 등 의성어나 의태어로 재미를 더하거나 "여기는 어딜까?" 하고 아이의 신체 부위를 말해주며 흥미를 더해줘도 좋습니다. 그러나 너무 심한 간지럼은 아이에게 불안감을 줄 수 있으니 주의하세요.

생후 24개월까지 비언어적 소통이 중요해요

아이들은 말을 못해도 표정, 손짓, 눈빛 등으로 소통이 가능합니다. 말이 서툰 아이들과 애착을 강화하기 위해서는 바로 비언어적 소통이 원활해야 합니다. 그래야 서로의 욕구와 마음을 알고 그에 맞춰 반응해주며 만족스러운 관계를 맺을 수 있기 때문입니다.

비언어적 소통이 원활하게 이뤄지려면 엄마의 지속적인 관심이 있어야 합니다. 부모가 아이의 욕구에 적극적으로 관심을 가지면 아이의 행동을 주시하게 됩니다. 이렇게 관심이 있으면 아이가 어딘가를 가리키거나 쳐다보는 순간을 포착하고, 그것이 욕구의 표현이라는 것을 알아챌 수 있습니다. 또한 아이에 대한 관심을 통해 엄마와 아이 사이에는 건강한 애착 관계가 형성되고, 애착이 만들어지는 과정 속에 소통은 더 원활해집니다. 소통이 원활해지면 아이의 욕구를 잘 이해하고 그에 맞는 놀이를 해주면서 애착이 한층 강화되죠.

그렇다면 대표적인 비언어적 소통으로는 무엇이 있을까요? 앞에서 이야기한 스킨십, 그리고 바로 뒤에서 설명할 합동 주시(Joint Attention)와 표정 읽기가 있습니다. 비언어적 소통과 애착은 다른 사람의 욕구, 즉 감정과 생각을 이해하는 기초가 되면서 공감을 이루는 바탕이 됩니다.

생후 6~18개월에는 합동 주시로 욕구를 파악하세요

합동 주시는 아이와 엄마가 같은 대상에 주의를 집중하는 것을 말합니다. 함께 눈을 맞추고, 아이 또는 엄마가 원하는 곳을 둘이 함께 보는 거죠. 합동 주시는 언어 발달 이전에 부모와의 애착을 촉진시키는 중요한 매개이며 동시에 아이의 사회적 관계 형성 능력을 확인하는 중요한 발달 지표입니다. 빠를 경우 생후 6개월, 대개 돌 무렵에 활발해지고 18개월 무렵에 완성되죠. 합동 주시가 18개월에 잘 발달되어 있다면 중요 발달장애, 특히 자폐증의 가능성은 매우 낮아집니다.

기본적으로 아이의 욕구에 신속하고, 섬세하고 일관되게 반응하며 따라줄 때 합동 주시가 촉진되며 애착과 상호작용은 더욱 촉진됩니다. 아이가 자신의 욕구를 언어로 표현하기 전 단계에서 눈빛으로 표현할 때 적극적으로 반응해주는 태도가 중요합니다.

아이에게 합동 주시는 구체적인 욕구 표현 방법입니다. 서로가 하나의 대상에 주의를 갖고 관심을 공유하는 것입니다. 예를 들어 아이가 마음에 드는 인형을 봤을 때 엄마를 향해 고개를 돌리는 경우가 있습니다. 자신이 관심 있는 대상을 엄마도 함께 보기를 원하는 겁니다. 아이는 합동 주시를 통해 자신의 욕구를 표현하는 방식과 그를 통해 자신의 욕구가 수용된다는 것을 배우게 됩니다.

돌잡이를 할 때 많은 아이들이 엄마의 바람을 담은 물건을 집는 상황에서도 합동 주시가 보입니다. 텔레파시가 통했다고들 말하지만 이는 우연이 아닙니다. 엄마가 특정 물건을 쳐다본다는 사실을 아이가 알고 엄마의 의도에 따라 집는 것일 수 있습니다. 애착 관계가 잘 맺어지고 있다는 뜻이죠. 합동 주시는 세 단계로 이뤄집니다.

1단계 아이가 엄마를 쳐다봅니다. 그리고 엄마와 눈을 마주칩니다.
2단계 아이가 원하는 물건을 쳐다봅니다.
3단계 엄마가 아이의 눈길을 따라가 원하는 것을 알아채고
 함께 쳐다보면서 아이의 눈도 쳐다봅니다.

이 단계들은 순간적으로, 거의 동시에 일어나는 것으로 합동 주시가 가능해지면 아이의 욕구를 이해하는 데 필요한 정보를 얻을 수 있습니다. 또한 평소에 아이와 눈맞춤을 많이 해주세요. 눈맞춤은 합동 주시의 기본으로 아이가 엄마와 소통하고자 하는 욕구를 키워줍니다. 이때 아이의 눈을 바라보며 웃어주고, 얼굴을 들여다보며 "예쁘다", "사랑해" 등 따뜻한 말을 함께 들려주세요.

아이는 부모의 표정을 읽으며 감정을 배워요

또 다른 비언어적 소통은 얼굴 표정 읽기입니다. 공감 능력의 가장 기본으로 사람의 표정이 어떤 감정의 표현이라는 것을 깨닫는 것입니다. 이 능력은 12~18개월 사이에 시작되어 평생에 걸쳐 계속 다듬어집니다.

아이가 표정을 통해 가장 첫 단계로 구분하는 정서는 분노, 놀람, 두려움, 공포 등의 반응입니다. 18개월 무렵이 되면 '위험해', '도망쳐', '기뻐', '즐거워' 정도의 표정 반응을 파악하는 능력이 발달합니다. 아동기부터 청소년기에 이르면 '좋아하는 척하지만 속마음은 달라' 같은 표정 속 숨은 감정을 구별할 수 있을 정도로 표정 읽기가 섬세해집니다. 아이는 점점 자랄수록 분노, 슬픔, 기쁨, 놀람, 공포 등 다섯 가지 감정 외에 불쾌, 혐오 등 수백 가지 감정을 파악하며 이 능력은 평생에 걸쳐 자랍니다.

다른 사람의 표정을 읽고 감정을 살피는 것은 관계 맺기에서 가장 중요한 일입니다. 표정을 읽는다는 것은 내적인 감정 상태와 자신에 대한 상대방의 생각을 순간적으로 알아차린다는 것입니다. 합동 주시의 핵심인 눈맞춤으로 타인의 욕구·감정을 이해하는 거죠. 다른 사람의 감정을 인식하고 분위기를 잘 파악해야 다른 이들과도 문제없이 어울릴 수 있습니다. 실제 학교에서 왕따 문제를 겪는 아이들의 많은 수가 친구의 감정이나 상황을 파악하지 못합니다. 예를 들어 친구가 엄마에게 혼나고 와서 기분이 좋지 않은데 표정을 잘못 읽고 "오늘 좋은 일 있어?"라고 웃으며 말을 걸면 친구는 놀린다고 생각해 멀리하게 되죠. 이런 일이 반복되면 아이들 사이에서 눈치 없고 분위기를 파악하지 못하는 아이로 낙인 찍혀 점점 소외됩니다.

아이가 감정을 배우는 첫 번째 대상은 '엄마'예요

표정을 잘 읽는 아이로 자라게 도와주려면 자고 일어났을 때, 밥을 먹일 때, 이야기를 나눌 때 등 일상생활에서 아이에게 풍부한 표정을 보여주는 것이 큰 도움이 됩니다. 엄마, 아빠의 다채로운 표정은 아이의 표정 인식 능력을 길러주는 데 도움이 됩니다. 그다지 어렵지 않아요. 동화책을 읽어줄 때 싸우는 장면이 나오면 성난 표정을, 슬픈 장면이 나오면 가슴 아픈 표정을 짓는 겁니다. 역할 놀이를 할 때도 마찬가지입니다. 환자 역할을 할 때 얼굴을 찡그리며 고통스러운 표정을 짓고, 소풍 가는 장면에서는 유쾌한 표정을 지어보세요. 즐거운 동요를 부를 때는 행복한 미소를 지어야겠죠.

옹알이에 적극적으로 맞장구쳐주는 것도 비언어적인 의사소통을 키울 수 있는 방법입니다. 엄마의 반응을 보며 아이는 말을 하지 못할 때도 의사소통의 방법을 익히게 됩니다. 진정한 소통 능력은 말만이 아니라 사회적 자극을 통해 자라납니다. 일방적인 소리 자극이 아니라 다양한 표정과 목소리, 분위기 등을 통해 분위기를 살피게 되죠. 그래야 대화 속에서 상대의 감정 상태를 이해하는 진정한 소통 능력을 키우고, 분위기를 파악할 수 있는 기반을 다질 수 있습니다.

아이의 표정을 언어적으로 해석해주는 것도 효과적입니다. 무슨 말이냐고요? 아이가 화난 표정을 짓고 있으면 "화났니? 성난 표정이네"라고 말을 걸어주고, 슬픈 표정을 하고 있으면 "속상한 일이 있어? 얼굴이 슬퍼 보여"라고 말로 풀어주세요. 아이는 '이런 표정을 짓고 있을 때 엄마가 화났느냐고 물어봤지. 화나면 이 표정이 나오는구나' 하는 식으로 표정에 대한 감정을 이해할 수 있습니다.

표정을 읽고 감정을 살피는 일은 관계 맺기에 중요해요

"속상해?"
"좋아?"
아이의 표정에 말을 걸어주세요

아이는 부모의 표정에서 첫 감정을 배워요

아이가 잠에서 깼을 때, 밥 먹을 때 등 일상에서 다양한 표정을 보여주세요

아이의 옹알이에 적극적으로 맞장구쳐주세요

무엇보다 필요한 건 부모의 자신감이에요

아이를 키우다 보면 하루에도 열두 번씩 자신의 양육 태도에 후회와 의문이 들기 마련이죠. 하지만 아이를 부모만큼 오래 관찰한 사람은 없습니다. 부모만큼 사랑스럽게 아이를 대하는 사람도 없습니다.

자신을 믿고 소신을 가지세요. 아이의 성장이나 양육에 관한 이론은 어디까지나 이론입니다. 그 안에도 평균과 통계의 함정이 있습니다. 일반적인 아이들, 다수의 아이들을 대상으로 한 얘기로 특별한 몇몇 아이에게는 적용하면 안 될 수도 있습니다. 아무리 유명한 심리학자의 이론이라고 해도 아이의 타고난 기질로 인해 적용되지 않는 경우도 많습니다.

그럴 때 "우리 아이한테는 안 맞네"라고 말할 수 있는 자신감이 필요합니다. 자신감이 아이에게 일관성 있는 태도를 만들어주고, 안정적인 환경을 마련해줄 수 있습니다.

Tip

엄마의 자신감을 키우는
네 가지 방법

아이가 태어나고 만 3년까지 엄마들은 변화된 몸을 비롯해 달라진 생활 패턴, '좋은 엄마가 될 수 있을까'라는 양육에 대한 부담감, 육아로 인한 피로 때문에 많은 불안과 우울을 경험하곤 합니다. 이를 해결하고 자신감을 갖기 위해서는 엄마의 몸과 마음이 건강해야 합니다.

수면을 충분히 취하세요
출산을 하면 제일 먼저 잠이 부족해집니다. 최소한 백일이 될 때까지 하루에 서너 번씩은 깨서 수유하는 일이 반복되죠. 잠이 부족해지면 체력이 떨어지고, 마음에도 영향을 미칩니다. 최소한 6~7시간은 자야 합니다. 아이가 잘 때 스마트폰을 검색하거나 드라마를 보는 대신 아이와 함께 푹 주무세요.

부정적인 생각을 잘라내세요
아이를 키우며 집에 있다 보면 많은 엄마들이 위축되는 자신을 발견합니다. 출산 탓에 대개 체중은 불어 있고, 잘나가던 커리어우먼은 경력 단절을 불안해하기도 하죠. 그럴수록 나를 힘들게 하는 부정적인 생각에서 벗어나 긍정적인 생각을 떠올려보세요. 복직이 걱정이라면 직장에서 나만이 할 수 있는 일, 남보다 잘했던 기억 등 자신만의 장점을 떠올려보세요. 출산휴가를 마치고 성공적으로 복직한 동료 직원의 사례를 들어보는 것도 좋습니다.

잠깐이라도 자신을 위한 시간을 가지세요
출산을 하고 나면 많은 엄마들이 감정 조절이 어렵다고 말합니다. 호르몬 문제도 있고, 아이가 생긴 후 달라진 남편과 시댁과의 관계에서 오는 스트레스도 있습니다. 이럴 때 자신에게 집중하고 긍정적인 에너지를 가질 수 있는 시간을 가져보세요. 좋은 음악과 함께 하는 스트레칭이나 하루 15분의 명상도 도움이 됩니다.

일기를 써보세요

엄마가 되면 기쁘기도 하지만 '내가 없다'라는 생각으로 힘들어하는 경우가 많습니다. 일기를 쓰면 나만의 시간을 가질 수 있고 하루를 돌아보며 감정을 정리할 수 있습니다. 긴 문장을 완성하기 힘들다면 짧은 문구, 간단한 단어라도 적어보세요. 아이의 성장을 통해 엄마가 된 행복감을 느낀 순간과 어떤 점이 힘들었는지, 다음에는 어떻게 해야 할지 등을 적어보는 것도 상황을 개선시키는 효과가 있습니다.

'유아 사춘기', 애착으로 해결하세요

아이를 키우면 누구나 겪는 암흑의 시기가 있습니다. 바로 24개월에서 36개월 무렵에 찾아오는, 일명 '유아 사춘기'입니다. 이때 부모들은 천사 같던 아이가 변했다며 고민을 토로합니다. 외국에서 이 시기 아이들을 '크레이지 투(Crazy Two)'라고 지칭할 정도죠.

기질적으로 차이가 있고 자아가 생기면서 거치는 자연스러운 발달 과정이긴 합니다. 그러나 아이들이 유독 말썽을 피우고, 고집을 피우고, 떼를 쓰는 것은 바로 전 단계인 천 일 과정에서 생긴 문제가 원인인 경우가 많습니다. 앞선 천 일 동안 부모와 애착이 안정되지 않고, 소통이 원활하지 않고, 그로 인해 부모에 대한 신뢰가 부족해 갈등이 생기는 겁니다.

아이는 태어나 12개월까지는 전적으로 양육자에게 의존합니다. 스스로 어떤 것도 할 수 없으므로, 이때 부모는 아이가 원하는 것을 현명하게 살피고 알아채 즉각적으로 들어주고 일관성 있는 태도로 아이의 욕구를 가능하면 채워줘야 합니다. 아이는 언제든 자신이 원하는 것을 부모가 해결해줄 거라고 믿으면 과도한 요구를 하지 않습니다. 하지만 '이걸 해달라고 하면 안 된다고 할 거야', '내가 원하는데 왜 안 들어주지?'라고 생각하면 소리를 치거나 짜증을 내는 등 욕구를 더 강하게 표현합니다.

아이가 무언가를 과하게 요구할 경우 아이의 뇌에서는 분노, 슬픔, 공포 등의 감정을 담당하는 회로(편도핵)가 활발하게 움직입니다. 더 짜증을 내게 되고, 더 쉽게 놀라고 화를 내는 특성을 띠게 되죠. 더욱이 화를 내는 아이 앞에서 보통 엄마는 아이가 대든다고 생각하고 기선을 제압해야 한다는 판단으로 과도한 훈육을 하기 마련입니다. 그러면 놀람 반응의 악순환이 일어나면서 애착 관계는 불안정해지고 아이는 한층 더 공격적이고 반항적인 태도를 키우게 됩니다.

그만큼 아이와의 애착을 올바르게, 탄탄하게 쌓는 것은 중요합니다. 앞서 말한 여러 이유는 물론, 태어나 천 일 동안 이루어진 애착이 아이가 성장하는 모든 단계의 밑바탕이 되기 때문입니다. 애착이 안정되어야 자기 조절 능력도 키울 수 있습니다.

4-7세, 자기 조절

천 일까지 애착 관계를 맺기 위해 집중했다면 4세에서 7세(36~72개월)까지는 자기 조절력(셀프 컨트롤)을 키우고 발전시켜 나가는 시기입니다. 그러나 어디까지나 이 시기는 편의상 구분해놓은 것이지 절대적인 것이 아닙니다. 발달 시간표는 아이마다 다를 수 있으니까요. 어떤 아이는 24개월부터 자기 조절이 필요할 수 있고, 어떤 아이는 36개월에 필요할 수도 있습니다. 이는 발달의 차이일 수 있고 아이 기질의 차이일 수도 있지요. 또한 애착과 자기 조절 시기는 서로 겹쳐져 있어 아이의 애착 형성과 자기 조절 과제를 함께 도와주어야 하는 경우도 많습니다. 가르치기에 앞서 아이가 자기 조절을 배울 때가 되었는지를 살펴야 합니다.

자기 조절은 '분노를 느끼지만 폭발하지 않고 상황에 맞게 표현하는 것', '욕구를 자제하고 해야 할 일에 집중하는 것', '타인과 어울리고 협동하는 다양한 상황에서 자기 욕심과 감정을 조절하는 것'이라고 할 수 있습니다. 부모도 완벽하게 해내기 힘든 일이죠. 당연히 아이에게도 쉽지 않은 일입니다. 대부분의 아이는 자기 조절을 가르치려 하면 반발하고, 반항하고, 더 멋대로 행동하려고 합니다. 그래서 아이가 자기 조절을 배우는 시기는 부모도 자기 조절이 필요한 시기입니다.

아이 스스로 조절하는 힘을 키워주세요

4세 이전에 아이의 행동과 감정을 조절시킬 필요는 있습니다. 높은 곳에 올라가는 등 위험한 행동을 할 때, 공공장소에서 소리를 지르는 등 다른 사람에게 피해를 줄 때, 낮잠을 자지 않고 뛰어다니는 등 과한 에너지 발산으로 휴식이 필요할 때, 소리를 지르거나 물건을 던지는 공격적인 행동을 할 때. 이런 상황에서는 양육자가 통제를 해야 합니다. 4세부터는 타인에 의해서가 아니라 아이 스스로 조절할 수 있도록 도와야 하고, 아이에게도 자기 조절을 배울 수 있는 능력이 생깁니다. "하지 마", "해도 돼"와 같이 부모가 말과 행동으로 해온 조절이 아이에게 어느 정도 내재되어 습관이 됐기 때문이지요. 이전까지 엄마에 의해 조절과 통제가 이루어졌다면 4세부터는 자율성이 생기면서 '맞아, 이건 하면 안 되지' 하고 스스로 판단할 수 있습니다. 이때 엄마의 역할은 아이를 통제하는 것이 아닙니다. 스스로 조절할 수 있는 환경을 마련해주는 것입니다.

기억해야 할 것은 자기 조절력을 기르기가 쉽지 않다는 점입니다. 세상의 어떤 아이도 자기 조절력을 단번에 키울 수는 없습니다. 자기 조절은 끊임없는 실패와 좌절 속에서 완성됩니다. 엄마들은 이 사실을 모르거나 혹은 기대치가 너무 높다 보니 "우리 아이는 유난히 조절이 안 돼요. 세 번이나 말했는데도 안 바뀌어요"라며 초조해합니다. 자기 조절력은 서너 번 말한다고 해서 생기는 힘이 아닙니다. 서른 번은 가르쳐야 하고, 서른 번 알려줬을 때 개선된다면 굉장히 좋은 결과라고 말할 수 있습니다.

왜 자기 조절력을 기르기가 어려울까요? 자기 조절력을 키우는 시점, 즉 5세 무렵이 되면 아이는 고비를 맞습니다. 일단 이 시기에 아이의 관계망은 이전의 몇 배 이상으로 확대됩니다. 엄마와만 붙어 지내다가 또래와 친구가 등장하고, 어린이집과 유치원에 다니며 선생님이라는 새로운 존재도 알게 됩니다. 두 번째로 과제도 등장하기 시작합니다. 친구들과 나누는 법을 배워야 하고, 스스로 옷을 입는 등 하기 싫지만 해야 하는 일이 많아지는 겁니다. 새롭게 관계를 넓혀가고, 과제를 익히는 과정에서 자기 조절을 배워가기 때문에 누구나 실패를 맛볼 수밖에 없습니다.

또한 자기 조절력을 키우기 어려운 이유가 더 있습니다. 자기 조절력을 획득하는 과정은 직선적이지 않고 나선형이라고 할 수 있습니다. 그렇기에 겉으로는 발전이 없어 보이지요. 제자리로 돌아오는 것처럼 느껴져 허무하다고 생각할 수 있습니다. 하지만 제자리걸음을 하는 듯 보여도 반복적으로 연습하면서 내면화하는 과정을 통해 자기 조절의 내면화가 달성되는 순간 큰 변화를 이루게 됩니다. 따라서 부모들은 만 4세에 아이가 겪는 시기적 어려움과 자기 조절의 특성을 파악해, 아이에게 충분한 시간을 주고 기다려줘야 합니다.

> 아이를 통제하지 말고 조절할 수 있는 환경을 마련해주세요

> 오랜 기다림과 실패 속에서 아이의 자기 조절력은 점점 자라나요

> 세상 어떤 아이든 자기 조절을 기르는 일은 힘들어요

> 아이가 자기 조절력을 기를 때까지 충분히 기다려주세요

부모가 참지 못하는 아이를 만들어요

스마트폰 시대는 속도가 굉장히 빠른 시대입니다. 뭐든지 LTE급으로 이루어지고 해결되길 바라죠. 참고 기다리는 것은 더 이상 미덕이 아닙니다. 얼마나 빨리 원하는 것을 얻을 수 있느냐가 중요한 시대가 됐습니다. 사람들은 원하는 것을 즉시 얻어야 좋다고 믿습니다. 그래서인지 원하는 것이 있을 때는 당장 얻으려 하고, 그것이 불가능하면 화를 내거나 다른 사람을 탓하곤 합니다. 원하는 것을 얻지 못한다는 사실을 견디다 못해 오히려 포기해버리기도 하죠. 이런 사회적 분위기 속에서 아이들이 자기 조절을 배우고, 만족 지연 능력(장래의 더 큰 성과를 위해 즉각적인 욕구를 참는 능력)을 발전시키는 것은 점점 어려워지고 있습니다.

또한, 아이들은 본능적으로도 욕구에 충실한 존재입니다. 하고 싶은 일을 하지 못하는 상황이나 욕구가 충족되지 않는 불편한 상황을 받아들이지 못하지요. 간식을 사달라, 장난감을 갖고 싶다, 놀아달라 등 끊임없이 욕구를 드러내며 무언가를 요구합니다. 간혹 엄마나 아빠의 훈육 때문에 잠잠해지는 듯해도 부모가 마음속 욕구까지 통제하는 것은 불가능합니다.

더욱이 요즘 부모들은 아이들에게 웬만해서는 "안 돼"라는 말을 하지 않습니다. 아이의 기를 죽이지 않을까, 아이와 관계가 나빠지지 않을까, 아이 자존감에 상처를 입히지 않을까 등등의 걱정 때문이지요. 공공장소에서 시끄럽게 떠드는 아이를 보며 "우리 아이가 친구를 좋아해서 그래요"라거나 "아이들이 다 저렇죠"라는 식으로 아이를 옹호하기에 바쁩니다.

또한 많은 부모들이 아이가 손짓만 해도 아이가 좋아하는 물건을 아이 앞에 대령합니다. 별다른 요구가 없어도 장난감은 물론 간식이나 여행, 놀이 등 갖가지 유혹거리를 아이 앞에 쏟아냅니다. 그러다 보니 아이는 원하는 것을 갖지 못하는 상황을 이해하지 못합니다. 자신이 하기 싫은 일을 참고 해야 하는 상황 역시 견뎌내지 못합니다.

> 만족 지연 능력은 당장의 작은 만족보다 나중의 더 큰 만족을 위해 기다릴 줄 아는 거예요

자기 조절을
키우는 데도
적기가 있어요

서울대학교병원에서 초등 고학년을 대상으로 뇌영상 실험을 실시했습니다. 아이들에게 간단한 덧셈 문제를 주고, 아이가 올바른 답을 누르면 100원을 주는 것이었습니다. 그러나 사실 이 실험은 정답을 눌러도 틀렸다는 피드백을 주도록 기계를 조절해 아이에게 일부러 좌절감을 느끼게 하고, MRI를 통해 뇌의 어느 부위가 활성화되는지 확인하는 것이었습니다.

촬영 결과를 분석해보니 두 그룹으로 나뉘었습니다. A그룹의 아이들은 조절 중추와 관련된 특정 부위만 활성화된 모습을 보였지만 B그룹의 아이들은 조절 이외에 다양한 부위들이 같이 활성화되는 모습을 보였습니다. A그룹은 뇌가 좌절감, 분노를 매우 효율적으로 조절한 반면, B그룹은 조절 능력과 관련된 네트워크가 효율적으로 발달하지 못한 것이죠. 두 그룹의 차이는 무엇일까요?

4~7세(36~72개월)를 놓치지 마세요

자기 조절은 뇌의 여러 영역 중에서도 특히 전두엽의 발달에 큰 영향을 받습니다. 전두엽은 우리 뇌의 영역 중에서 발달이 가장 천천히 시작되고, 가지치기가 가장 오래 진행되어 가장 늦게 성숙한 기능을 완성합니다(31쪽 참조). 전두엽이 주로 담당하는 역할은 계획을 세우고, 판단을 내리고, 목표 지향적으로 행동하는 기능입니다. 보통 청소년기 이후에 필요한 기능으로, 어린 시절에는 필요가 덜하죠.

그러나 전두엽과 관련된 뇌 회로는 어린 시절에는 자기 조절, 분노감 통제 등의 활동에 참여합니다. ==기본적 자기 통제와 관련된 부분은 발달이 일찍 시작되기 때문이지요. 4세 무렵에 조절 능력이 나타나기 시작해 7세 무렵이 되면 욕구를 통제하고 기본적인 감정을 조절하는 능력이 완성됩니다.== 분노와 공격성을 조절하는 능력의 기초가 완성되는 것이죠. 이 시기에 분노나 공격성에 대한 조절의 기초가 완성되지 못하면 그 이후에는 매우 오랫동안, 어쩌면 평생에 걸쳐 분노 조절에 어려움을 겪을 수 있습니다.

서울대학교병원에서 진행한 뇌영상 실험에서 발견된 아이들 간의 차이는 자기 조절이 적기에 완성됐느냐 그렇지 못했느냐를 보여주는 중요한 연구 결과입니다. 4~7세 사이에 자기 통제와 관련된 영역이 자극을 받고 활성화된 아이들은 욕구 조절이 뇌와 마음에 굳건히 자리하게 됩니다. 하고 싶은 일을 참거나 하기 싫은 일을 할 때 별로 힘을 들이지 않고도 해낼 수 있습니다. 화가 나는 상황에서 공격적인 충동을 느껴도 그다지 큰 힘을 들이지 않고 마음을 가라앉히죠. 반면 어릴 때 자기 조절을 키우지 못한 사람은 화가 나는 상황에서 참기가 어렵습니다. 한마디로 마음을 가라앉히거나 하고 싶은 일을 참는 것이 아주 힘든 과제가 됩니다.

물론 이 시기에 자기 조절력을 키우지 못했다 해도 이후 자기 조절을 배우는 것이 불가능한 것은 아닙니다. 자기 조절에 영향을 끼치는 뇌의 영역이 전두엽에만 한정된 것은 아니니까요. 계획 기능, 사회적 상황 파악 기능, 공감 기능 등 점점 성숙해지는 다양한 기능을 통해서도 자기 조절을 배울 수 있습니다. 그러나 이런 기능들은 욕구 조절을 돕는 기능일 뿐 본능적이고 자연스러운 통제는 아닙니다. 또한 뇌의 여러 기능을 조합해서 통제해야 하므로 더 많은 정신적 에너지를 소진해야만 그 충동을 통제할 수 있습니다. 앞의 연구 결과가 보여주는 뇌영상 차이가 바로 이런 것입니다.

Tip

평생을 좌우하는 '잠깐'의 인내심

많은 사람들에게 널리 알려진 마시멜로 실험을 떠올려보세요. 이는 1970년대 미국 스탠퍼드대학교의 심리학 연구팀에서 실시한 실험으로 아이들에게 마시멜로를 준 뒤 15분 동안 먹지 않고 참으면 똑같은 마시멜로를 하나 더 주고, 참지 못하고 먹어버리면 마시멜로를 더 주지 않는 실험입니다. 실험자는 아이들에게 이 사실을 몇 번씩 반복해서 말해준 뒤 아이와 마시멜로만 남겨놓고 방에서 나와 15분간 아이를 관찰했습니다. 만 4~6세에 해당하는 600명의 아이들을 대상으로 한 이 실험에서 3분의 1에 해당하는 아이들만이 마시멜로를 더 얻었습니다.

실험 이후 이 아이들을 대상으로 약 15년간 추적 연구를 시작했습니다. 그 결과 눈앞의 마시멜로를 먹지 않고 참은 아이들과 참지 못하고 먹어버린 아이들, 두 부류 사이에는 눈에 띄는 차이가 나타났습니다.

마시멜로를 먹지 않고 참은 아이들은 참지 못한 아이들에 비해 학교 성적, SAT(미국 대학입학자격시험) 점수에서 훨씬 우수한 성과를 보였으며 건강하고 자신감 넘치는 청소년기를 보냈습니다. 학교를 졸업한 후 30~40대에 주식 투자나 결혼 생활 등 다른 분야에서도 한층 긍정적인 결과를 이뤄냈죠. 주식 투자에서 신중한 장기 가치 투자를 하는 비율이 높았다고 합니다. 다른 사람의 마음을 살피는 능력도 뛰어나 사회성이 좋고, 만족스러운 가정생활을 영위한다는 결과도 확인됐습니다. 이는 '자기 조절' 혹은 '통제'가 한 아이의 인생에 얼마나 중요한지를 보여줍니다. 자신의 감정을 조절하고 순간의 욕구를 적절하게 통제하는 방법을 알아야, 장기적이고 지속적으로 정말 중요한 목표를 위해 나아갈 힘을 기를 수 있는 것이죠.

자기 조절력을 키우려면 전두엽의 힘을 기르세요

눈앞의 욕구를 즉각적으로 채우기보다 더 큰 성취를 위해 욕구 충족을 잠시 미루면 더 크고 중요한 것을 얻게 되는 경우가 많습니다. 가령 맛있는 과자를 혼자서 다 먹고 싶지만 옆의 친구에게 나눠준다면 '고맙다'는 인사를 듣고, 나중에 친구가 가져오는 간식을 먹으며 친밀한 관계를 맺을 수 있습니다. 미끄럼틀을 탈 때도 먼저 타겠다고 친구들과 아웅다웅하기보다 줄을 서서 차례차례 타면 더 많이, 더 안전하게, 더 즐겁게 탈 수 있습니다.

자기 조절은 교육, 환경에 의해서만 결정되지 않습니다. 유전적인 영향도 받죠. 아이가 타고나는 유전적·기질적 특성에 영향을 받습니다. 성향에 따라 만족을 지연시킬 수 있는 능력이 강한 아이들이 있는 것이죠. 그러나 4~7세 아이들은 대부분 자기 중심적이고 충동적인 면이 강하기 때문에 당연히 기다리고, 참고, 나누는 것을 어려워합니다. 이 시기의 아이들이 자기 조절력을 키우려면 어떻게 해야 할까요? 답은 명확합니다. 전두엽의 힘을 길러야 하죠.

'잠깐' 멈출 수 있는 힘

전두엽의 자기 조절력은 두 가지 요소로 이루어져 있습니다. 하나는 잠깐 멈출 수 있는 힘입니다. 5~10초(하나부터 열을 세는 시간) 정도 자신의 충동·분노·욕구대로 행동하는 것을 멈출 수 있는 힘을 말합니다. 아이는 그 '잠깐'의 멈춤을 통해 자신의 욕구대로 행동했을 때의 결과를 떠올릴 수 있습니다. 내가 하는 행동의 결과를 생각하는 힘이 생기면 아이들은 자신에게 유리한 결과를 만들어내는 바른 선택을 하게 됩니다.

'잠깐' 멈출 수 있는 힘을 기르려면 연습이 필요합니다. 일상에서 아이에게 화내지 말고, 찬찬히 연습시키고, 찰나라도 잠깐 멈추었을 때는 아낌없는 칭찬과 격려를 해주세요. 그러면 어떤 상황에서도 쉽게 흥분하지 않고, 잠깐 멈춤을 통해 결과를 생각하는 이성적인 태도를 자연스럽게 연습시킬 수 있습니다.

전두엽의 힘은 곧 생각하는 힘

두 번째는 '평소 생각하는 힘'입니다. 그러므로 아이의 나이에 맞는 내용으로 생각하는 힘을 길러줘야 합니다. 나열적으로 지식을 암기시키는 것은 생각하는 힘을 키우는 데 그다지 효과적이지 않습니다. 수준 높은 단어와 많은 지식을 쌓으면 생각을 다양하게 할 수는 있지만 보다 효과적으로 생각하는 힘은 좋은 질문에서 나옵니다. 예를 들어 "사과는 무슨 색일까?"라는 질문보다는 "색깔이 빨간 건 뭐가 있을까?"라는 질문이 더 좋습니다. 알고 있는 지식을 바로 떠올리게 하는 연습보다는 생각하고 찾고, 발견하는 연습을 시킬 수 있는 질문을 던져주세요. 질문을 확장해 "빨간색을 띠는 것을 엄마랑 너랑 하나씩 이야기해볼까? 이기는 사람에게 상 주기" 같은 놀이도 아이의 사고력을 키울 수 있습니다. "수박 속", "사과", "붉은 악마", "뜨거운 것", "불", "열정" 등 서로 대답을 주고받아보세요. 게임에서 아이가 이기는 경험을 맛보거나, 승패에 상관없이 "그런 것도 빨간색이네, 빨간 느낌이 나는구나"라고 새로운 발견을 하는 경험을 맛보는 것, 이것이 생각하는 힘을 길러주는 지렛대 역할을 합니다.

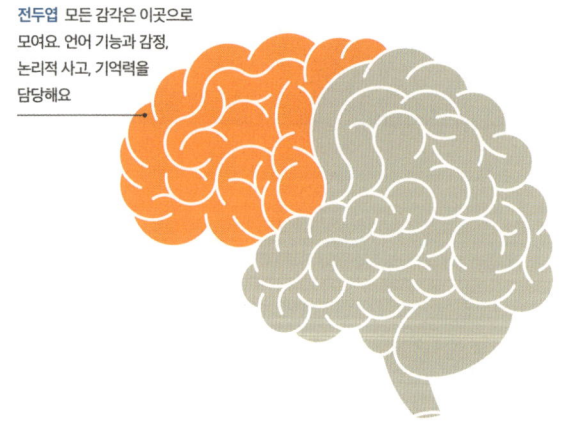

전두엽 모든 감각은 이곳으로 모여요. 언어 기능과 감정, 논리적 사고, 기억력을 담당해요

"무슨 색일까?"
"뭐가 있을까?"
질문은 아이가 스스로
생각하게 해요

아이 성향에 따라
자기 조절력이
강하거나
약할 수 있어요

아이가 분노·욕구를
조절하지 못할 때는
잠깐 멈춰서
열까지 세어주세요

부모의 일관성이
아이의
자기 조절력을 키워요

자기 조절력을 키우기 위한 첫걸음은 일관성 있게 아이를 대하는 부모의 양육 태도입니다. 일관성을 지키기 위해서는 다음의 세 가지 조건이 필요합니다.

첫째, 우리 집의 규칙이 있어야 합니다
옳은 것과 그른 것, 되는 일과 안 되는 일에 대한 기준이 확실해야 합니다. 예를 들어 텔레비전을 9시까지만 볼 수 있다는 규칙이 있으면 무슨 일이 있어도 9시 전에는 꺼야 합니다. 주말이어서, 아이와 실랑이를 벌이기 싫어서, 손님이 와 있다고 해서 더 늦게까지 보는 일이 없어야 합니다. 어떤 예외 상황에도 정해진 규칙을 지키고자 하는 것이 중요합니다.

이때 규칙은 기본적으로 쉬워야 합니다. 아이가 큰 노력을 기울이지 않아도 70퍼센트 정도는 지킬 수 있는 난이도가 좋습니다. 아이의 발달 수준을 고려한 규칙이어야 한다는 거죠. 어려운 규칙은 자주 어기게 되거나 지키더라도 아이를 힘들게 만들고, 아이를 지레 포기하게 만들 수 있습니다. 일단 규칙을 정했다면 부모 역시 그 규칙을 똑같이 따라야 합니다. 아이들은 말이 아닌 행동을 보고 부모를 따라하기 때문입니다.

또 하나 주의할 점은 아이의 모든 생활에 엄마가 잔소리를 하거나 결정을 내리는 일을 피하는 것입니다. 사사건건 아이의 생활에 잔소리를 하면 아이는 엄마의 말에 귀를 기울이지 않습니다. 엄마와의 관계도 나빠지고 스스로 하는 힘도 키울 수 없습니다. '9시까지 텔레비전을 볼 수 있다', '스마트폰 게임은 하루에 두 번, 30분씩만 할 수 있다' 등 아이가 지켜야 할 기준이나 마지노선을 정하는 것이 좋습니다.

둘째, 부부의 육아관이 같아야 합니다

대부분의 가정을 보면 주말에만 잠깐 아이와 시간을 보내는 아빠는 아이에게 많은 것을 허용하곤 합니다. 아이가 아이스크림을 사달라고 하면 바로 편의점에 들르고, 게임을 하고 싶다고 하면 망설임 없이 스마트폰을 내주죠. 이를 막는 엄마에게는 "잠깐인데 어떠냐. 당신도 하루종일 스마트폰을 들여다보면서 아이는 왜 못하게 하느냐"고 타박을 주며 아이 편을 들곤 합니다.

이런 상황에서 집안의 규칙은 무용지물이 됩니다. 엄마와 있을 때 불가능한 일이 아빠와 있을 때 가능해지면 아이는 '엄마만 속이면 마음대로 할 수 있다'고 생각하게 됩니다. 엄마의 훈육이 더 이상 효과를 볼 수 없게 됩니다.

왜 이런 일이 벌어질까요? 평소 아빠와 엄마 간에 육아나 교육에 대한 대화가 부족하기 때문입니다. 아이의 자기 조절력을 키워주려면 부부 관계가 원만하고 소통이 잘 돼야 합니다. 평소 부부 간에 아이의 성향이나 특성에 대해 대화를 많이 하세요. 그래야 일관성 있는 육아관과 훈육이 가능해집니다.

셋째, 엄마가 지치지 않도록 육아를 분담해주세요

일관성을 지키기 위해서는 엄마가 지치지 않아야 합니다. 대부분의 엄마가 아이에게 같은 잣대를 들이대지 못하는 일은 체력이나 의욕이 떨어지는 순간에 벌어집니다.

아이들의 활동량은 상상을 넘어섭니다. 4~6세 아이 20명을 대상으로 다리에 활동측정기(Actigraphy)를 채운 뒤 하루의 활동량을 측정한 실험을 해본 적이 있습니다. 아이들이 하루에 움직이는 거리가 얼마나 되었을까요? 남녀 차, 기질 차는 있었으나 평균 9킬로미터가 넘었습니다. 그 정도면 지하철 방배 역에서 시작해 이수 교차로를 지나 사당 역을 거쳐 봉천동, 신림동까지 간 거리보다도 훨씬 더 되는 거리입니다. 아이들의 활동량이 우리 상상을 초월하는 거죠. 아이들은 잠자거나 먹는 시간을 제외하면 잠시도 가만히 있지 않고 이리저리 왔다 갔다 하고 오르락내리락하며 움직입니다.

엄마 혼자 아이를 키우는 데는 사실 엄청난 체력이 필요합니다. 아이의 뒤를 졸졸 따라다니며 위험하지 않게 돌보고, 끼니와 간식을 준비하고, 목욕을 시키는 등 일상적인 육아만으로도 벅찬 엄마들이 많습니다. 이렇게 지쳐 있는데 아이가 강한 요구를 하면 들어줄 수밖에 없습니다. 잠시라도 쉬고 싶은 마음에 아이가 텔레비전을 보겠다고 하면 리모컨을 주게 되고, 스마트폰이나 태블릿PC를 손에 쥐어주게 되죠. 엄마가 지치면 무엇보다 차분하고 이성적인 훈육이 어려워집니다. 엄마 역시 사람이기 때문에 아이가 지속적으로 떼를 쓰거나 화를 내고 소리를 지르는 등 부정적인 감정을 표현하면 화가 날 수밖에 없습니다. 이런 상황에서 차분히 설명하거나 단호한 태도를 보이기보다 소리를 지르고 손을 드는 일이 발생합니다. 그러므로 엄마가 지치거나 우울하지 않을 환경을 만드는 것이 중요합니다. 주말에는 아빠가 적극 협조하고, 평일에는 아이 돌보미 혹은 조부모의 손을 빌리거나 어린이집에서 시간을 보내는 등 아이를 돌볼 수 있는 여러 손길을 활용해보세요. 동네 엄마들과의 품앗이 육아도 좋습니다.

옳은 것과 그른 것, 되는 일과 안 되는 일에 대한 규칙이 확실해야 해요

엄마와 아빠의 육아관이 같아야 해요

일관성에는 부부 간의 대화, 육아 부담을 나누는 환경이 중요해요

엄마가 지치지 않게 아빠의 적극적인 육아가 필요해요

많이 움직이는 아이가 자기 조절도 잘해요

앞서 이야기한 4~7세 아이들의 놀라운 하루 활동량에서 보듯이, 아이들에게 신체 활동은 중요합니다. 몸놀이를 충분히 할 수 있는 환경도 아이의 자기 조절에 도움이 됩니다. 이 무렵의 아이들이 가만히 앉아서 뭔가에 오래 집중하거나 자주 책상에 오래 앉아 있는 것은 좋지 않습니다. 움직이면 움직일수록 뇌가 자극을 받고 자기 조절 능력을 키울 수 있기 때문이죠.

뇌 발달에 중요한 요소인 신경 성장 인자(뇌세포에서 분비되며 시냅스를 만드는 역할)와 운동이 연관되어 있다는 사실이 많은 연구를 통해 확인되고 있습니다. 운동은 뇌 신경세포를 더 많이 만들고 신경망을 튼튼하게 하는 역할을 합니다. 특히 이런 현상은 주의력 조절의 핵심인 전전두엽과 기억 저장에 중요한 측두엽, 감정과 이성의 뇌로 알려진 대상회에서 일어납니다.

재미있는 점은 자극을 중단하면 사라지는 다른 신경망과 달리 4~7세에 형성된 운동과 관련된 신경망은 한 번 형성되면 평생 유지된다는 사실입니다. 흔히 말하는 어릴 때 운동을 해본 아이가 잘한다는 말이 정답입니다.

매일매일 집안일에 적극 참여시키세요

전문가들은 4~7세 아이의 활동량을 늘리고 다양한 경험을 해보게끔 하기 위해 가족이 하는 일상적인 활동에 동참시키는 방법을 가장 추천하고 있습니다. 축구나 수영 등 운동 강습도 활동량을 늘리고 새로운 활동을 접하는 데 도움이 됩니다. 하지만 따로 시간을 내기보다 더 좋은 것은 아이와 함께 청소를 하거나 장보기, 빨래 널기, 걸레질하기, 강아지 산책시키기 등 일상을 함께 하는 것입니다. 집안일에 동참하면서 일을 하는 기쁨을 알게 되고, 하기 싫어도 가족으로서 해야 하는 일을 하는 참을성을 키울 수 있습니다.

처음엔 누구나 서투릅니다. 수건을 접을 때도 삐뚤빼뚤하게 접고, 빨래도 구겨진 상태로 널어놓죠. 하지만 아이가 잘 못하더라도 방법을 알려주고 격려해주세요. 시간이 지날수록 더 잘하게 됩니다. 또한 소근육 운동, 대근육 운동과 더불어 가족과의 일체감도 강해집니다.

일주일에 3~5회는 운동이 필요해요

친구와 함께 하는 운동은 공정한 게임의 규칙을 익힐 수 있고 협동심과 경쟁을 배울 수 있는 기회입니다. 처음부터 운동의 규칙을 지키는 것이 가능한 것은 아닙니다. 자기중심적인 아이들은 자기가 지면 화를 내고 짜증을 부립니다. 하지만 이때야말로 운동의 규칙과 공정성을 가르쳐줄 수 있는 최고의 기회입니다.

건강한 경쟁을 배울 수 있는 기회이기도 합니다. 이겼을 때 진 아이들의 마음을 파악하고 흥분과 기쁨을 절제하는 태도를 배울 수 있고, 실패를 받아들이는 방법도 가르칠 수 있습니다. 특히 단체 운동은 게임에서 졌을 때 일대일 게임보다 심적 괴로움이 덜하고 작은 좌절을 경험하게 됩니다. 작은 실패를 통해 마음을 다지면 일이 잘 될 때든 잘 되지 않을 때든 앞으로 나아갈 수 있는 힘을 얻을 수 있습니다.

<u>운동은 가족과 함께 해도 좋습니다. 기본적으로 부모는 아이의 자기 조절 능력을 키우기 위해 통제하려고 합니다. 그러면 아이는 통제를 받는 상황에 불만, 서운함을 느끼거나 욕구의 통제로 인한 분노와 공격성을 자연스럽게 갖게 됩니다. 부모와 함께 운동을 하면 그런 부분을 긍정적으로 해소할 수 있습니다.</u> 좋은 관계는 돌봄 혹은 사랑받고 있다는 느낌과 함께 신뢰감을 높입니다. 부모에 대한 믿음이 생기면 부모가 무언가를 통제할 때도 화를 내는 대신 '나를 사랑하는 엄마가 이걸 못 하게 하는 데는 이유가 있을 거야. 뭔가 이해가 되지는 않지만 나한테 좋은 걸 거야'라는 생각으로 불만이 잦아들고, 분노 조절도 가능해집니다.

그리고 가족과 함께 운동하면 운동 능력과 기술을 향상시키는 데도 도

움이 됩니다. 예를 들어 배드민턴을 칠 때 초등학교 저학년 아이는 서브 넣는 것도 힘들어합니다. 하지만 부모와 꾸준히 배드민턴을 치면서 코치를 받으면 운동 능력과 기술이 높아지며 아이의 자존감, 자신감이 크게 올라갑니다. 특히 사회적 관계에 민감한 여자아이에게 가족 놀이는 든든한 정서적 안정감을 누리게 하는 효과를 줍니다.

Tip

집중력을 키우는
몸놀이

일본의 한 유치원에서는 아이들이 등원을 하자마자 맨발로 신나게 달린다고 합니다. 힘든 운동이 아닌 신나는 놀이라고 생각하며 달리고, 근육을 풀어주는 스트레칭도 하고, 물놀이와 진흙 놀이를 곁들여가며 몸을 활발히 움직이죠. 놀라운 사실은 이렇게 아이들이 온몸의 에너지를 써가며 신나게 놀고 나면 뇌세포가 자극을 받고 집중력이 좋아지는 등 두뇌 발달에 도움이 된다는 점입니다.

우리 뇌는 흥분성 뉴런의 집합체와 이를 억제하는 억제성 뉴런의 집합체의 균형으로 이루어집니다. 유아기와 아동기는 흥분성 뉴런이 활성화된 시기입니다. 키도 커야 하고, 근육도 성장해야 하는 등 성장해야 한다는 뇌의 합목적성 때문입니다. 그래서 어린 시절 아이들은 분주히 움직이고 활동을 많이 합니다.

주목해야 할 점은 흥분성 활동이 증가되면 억제성 활동 즉 차분하고 집중하는 활동이 따라온다는 점입니다. 마음껏 뛰고, 뒹굴고, 아무런 제약 없이 주도적으로 몸놀이를 하면, 억제성 뉴런이 자극을 받아 정적인 활동에 더욱 집중한다는 것입니다. 이는 흥분성 뉴런이 극도의 자극을 받아 정점에 이르면, 그와 균형을 맞춰 억제성 뉴런도 발달하기 때문으로 알려져 있습니다. 실제 일본의 유치원에서도 신체 활동을 하고 난 후 아이들은 흥분 상태를 지속하는 것이 아니라 유치원 교사의 지시를 더 차분히 따르고, 독서 활동에 집중하는 효과를 보였다고 합니다.

몸놀이의 효과는 이뿐만이 아닙니다. 운동은 스트레스를 풀어주고 성장을 촉진시키며 발바닥 자극을 비롯한 오감을 자극합니다. 우리 아이들이 똑똑해지려면 책상 앞이 아닌 자연 속으로, 바깥으로 나가야 하는 이유입니다.

일상에서
경험치를 늘려주세요

아이의 자기 조절 능력을 키우기 위해서는 일상에서 경험의 폭을 넓히고 다양한 활동을 맛봐야 합니다. 다채로운 경험 속에서 양보, 질서, 배려, 나눔 등을 배울 수 있기 때문이죠. 집만이 아니라 놀이터나 문화센터, 어린이집에서 시간을 보내고, 엄마, 아빠만이 아닌 할머니, 할아버지, 사촌, 친구, 선생님 등 다양한 공간과 사람들로 반경이 넓어질수록 자기 통제를 배울 수 있는 기회가 늘어납니다. 가족이 아닌 다른 사람들에게는 어떤 태도를 취해야 하는지, 사람들이 많이 모인 가족 모임에서는 어떻게 행동해야 하는지, 여럿이 있을 때 어떤 질서를 지켜야 하는지 등 다양한 장소에서 상황에 맞춰 스스로를 조절하는 연습이 필요합니다.

배려와 규칙을 알려주세요

4~7세 아이들은 차례 지키기, 나누기, 함께하기, 기다리기 등 일상의 작은 규칙을 지키며 자기 조절력을 키워갑니다. 놀이기구를 독차지하거나 마트에서 장난감을 사달라고 하는 등 아이가 무언가를 요구하거나 제멋대로 할 때는 먼저 규칙을 이야기해 자제시키세요.

물론 아이는 떼를 쓰거나 속상해할 것입니다. 하지만 그 순간이 자기 조절력을 높일 수 있는 적절할 기회입니다. 엄마가 은근슬쩍 넘어가면 다음번에는 상황이 더 어려워집니다. 아이가 화를 내더라도 한 번 "아니야"라고 말했으면 끝까지 지키세요. 그렇다고 무조건 "안 된다고 했지. 필요 없어, 하지 마" 같은 강압적인 말과 행동은 삼가세요. 훈육의 효과는 없고 무력감이나 분노만 남길 수 있습니다.

또한 다른 사람이 있는 장소에서 큰 소리로 아이를 꾸짖거나 주의를 주어서는 안 됩니다. 아이가 수치심을 느껴 잘못을 반성하기보다 더욱더 반항적인 행동을 보일 수 있습니다.

아이의 마음을 인정하세요

엄마 생각에 불필요하거나 부적절한 요구처럼 보여도 아이에게는 꼭 필요하고 원하는 것일 수 있습니다. 이때는 아이의 욕구나 감정은 인정하되, 왜 그것이 적절하지 않은지 설명을 하고 단호하게 행동해야 아이가 그 상황을 받아들일 수 있습니다. 예를 들어 아이와 마트에서 장을 보는 중에 아이가 장난감을 사고 싶다고 조를 때는 "코코밍 집을 사고 싶구나. 우리 딸이 좋아하는 장난감을 갖지 못해서 속상한 것을 엄마도 잘 알아. 그 마음은 이해하지만 엄마는 사줄 수 없어. 오늘 장을 보러 마트에 왔고, 생일이 아니기 때문이야. 우리 집에서는 생일과 크리스마스에만 선물을 사는 규칙이 있지"라고 설명합니다. 아이가 계속 떼를 쓰면 잠시 지켜보거나 아이를 번쩍 들고 화장실이나 계단 등 주변을 신경쓰지 않아도 되는 장소로 옮기세요. 한참 떼를 써도 엄마가 들어주지 않으면 아이는 소동을 멈추게 됩니다. 이때 등을 토닥거리며 아이가 마음을 가라앉힐 수 있도록 차분히 달래주고, 다시 한 번 아이의 마음에 공감해주세요. 이런 과정이 반복되면 아이는 떼를 써도 효과가 없다는 사실을 알게 되고, 점차 자신의 욕구를 조절하게 됩니다.

존댓말을 조금씩 가르치세요

긴 문장을 유창하게 말하기 시작하고, 경험을 말로 설명하고, 상대방과의 관계를 명확히 인식하는 시기는 존댓말을 가르칠 수 있는 적기입니다. 아직 말을 잘 하지 못하는 아이들은 표현하고 싶은 욕구 때문에 말을 빨리 하거나 횡설수설하는 경우가 있습니다. 빨리 말하고 싶을 때 마음을 가다듬으며 하고 싶은 말을 떠올리고 상대방의 입장과 상황에 맞게 차분히 말하는 습관은 자기 통제 연습이 됩니다. 또한 존댓말을 할 때는 일단 상대방과 나와의 관계를 조망하고 상황을 이해해야 합니다. 단어를 떠올리며 생각을 해야 하기 때문에 생각하는 힘을 키우고, 사회성과 사회 적응 능력을 동시에 키울 수 있습니다.

Tip

아이에게 존댓말을 가르치는 방법

먼저 부부 사이에 존댓말을 쓰세요

아이는 부모의 모습을 보며 자랍니다. 존댓말을 가르치려면 먼저 부부가 서로 존댓말을 쓰세요. 아이는 엄마와 아빠의 대화를 들으며 존댓말을 효과적으로 익힐 수 있습니다. 가르치지 말고 들려주세요.

어려운 말은 꾸준히 들려주세요

아이는 '드신다', '잡수신다'보다 '먹는다'는 표현에 익숙합니다. 아이가 존댓말을 어려워한다고 해서 가르칠 수 없는 것은 아닙니다. 어려운 말이라도 일상에서 자연스럽게 체득할 수 있게 꾸준히 들려주고, 어려운 내용은 아이 눈높이에 맞춰 설명해주세요. 이는 아이의 언어 능력을 키우는 데도 도움이 됩니다.

역할 놀이를 통해 알려주세요

무엇이든 아이에게 억지로 가르치는 것은 좋지 않습니다. 소꿉놀이를 할 때 서로 역할을 바꿔 아이는 부모, 부모는 아이가 되어 대화를 나누세요. 이때 아이 역할을 하는 엄마가 존댓말을 쓰는 게 중요합니다. "엄마 밥 주세요.", "잘 먹겠습니다.", "맛있게 먹었습니다." 등 상황에 맞게 존댓말을 쓰는 모습을 보여줍니다. 또한 아이가 존댓말을 쓰면 "잘했어요"라고 충분히 칭찬합니다.

자기 조절,
백 번은
시도하세요

자기 조절은 한 번에 되는 일이 아닙니다. 서너 번의 시도 뒤에 우리 아이에게는 효과가 없는 훈육법이라며 포기하지 마세요. 백 번쯤은 훈련해야 가능하고 그 과정에서 격려를 받고 반성도 해야 합니다. 여기서 백 번은 그만큼 일상에서 자연스럽게 반복적으로 이루어져야 그 효과가 생긴다는 의미입니다. 아이들은 단번에 시야가 넓어지고, 상황을 이해하고, 적절하게 자기 욕심을 통제할 수 없습니다. 만약 어린 동생에게 양보를 해야 한다면 '내가 언니구나'라는 위치를 인식하고, '동생은 아직 어려서 잘 모른다'는 사실을 받아들여야 합니다. 상황을 깨닫고, 경험해야 자기 통제력이 좋아지고 배려심도 높아지는 것이죠. 또한 이런 변화를 통해 부모와 주변의 칭찬을 받으면 별다른 제지 없이 자기 조절을 하는 선순환이 이뤄집니다. 자신을 칭찬하는 부모와의 관계도 좋아지면서 한결 부모를 신뢰하게 되는 효과도 있습니다.

Tip

자기 조절이 어려운 아이, 혹시 ADHD?

책을 한 장 읽고 물 마시러 가고, 또 한 장 읽고 화장실에 다녀오는 등 집중을 못하는 아이를 보면 엄마들은 걱정이 많습니다. 왜 저리 부산한지, 왜 한자리에 가만히 앉아 있지 못하는지 염려하다 보면 많이 들어본 ADHD를 떠올리곤 하죠. 이후에는 아이의 산만한 행동만 눈에 들어오기 마련입니다. 책을 볼 때도 엉덩이를 붙이지 못하고 다리를 움직이고, 퍼즐을 맞추다가도 채 완성하기도 전에 블록을 집어드는 아이를 데리고 전문가를 찾아나섭니다.

하지만 ADHD는 만 7세 이후에 명확한 진단을 할 수 있습니다. 당연히 4~7세는 ADHD 진단을 의미 있게 할 수 있는 나이가 아니지요. 아직 어립니다. 또한 남아건 여아건 모두 활동량이 많은 때라 성별과 무관하게 'ADHD가 아닐까'라는 오해를 하기 쉽습니다. 자라는 과정에서 ADHD 증상과 비슷한 행동을 보일 수도 있고요. 그런 증상들은 많은 아이에게서 발견되지만 8~9세가 되면서 좋아지고 문제가 되지 않는 경우가 있습니다. 따라서 명확한 진단을 할 수 없는 아이에게, 자라면서 많은 변화를 겪는 아이에게 오해와 걱정을 하기보다 부모가 시의적절한 장치로 마음속에 숨어 있는 아이의 호기심과 의욕을 이끌어내거나 스스로 자기 조절을 하는 환경을 마련해주는 것이 좋습니다.

기질적으로
자기 조절이
힘든 아이도 있어요

피하고 싶은 자극을 활용해보세요

아이 스스로 조절이 안 될 때는, 조절을 할 수밖에 없는 상황을 부모가 만들어주는 것도 필요합니다. 아이가 일찍 일어나야 하는 날 시끄러운 소리가 나는 알람시계를 맞추어놓고 재워봅니다. 아이는 더 자고 싶어도 시끄러운 소리에서 벗어나기 위해 싫어도 일어나게 됩니다.

처음에는 알람을 끄기 위해 일찍 일어나지만 허둥지둥 유치원에 뛰어가지 않아도 되고 좋아하는 장난감을 가지고 놀거나 책을 읽는 등 일찍 일어났을 때의 좋은 점을 깨닫게 됩니다. 이런 일이 반복되면서 시간이 쌓이면 습관이 되고, 어느새 마음속으로 일찍 일어나고 싶다는 의지를 갖게 됩니다.

주변 환경을 정리해주는 것도 자기 조절을 도울 수 있습니다. 산만한 아이의 경우 방은 가구를 줄여 단출하게 하고 책상 위에는 필요한 물건만 놓고 다른 물건은 치워주세요.

또 충동 조절이 힘든 아이라면 충동에 반대되는 행동을 하도록 유도하세요. 예를 들어 아이가 햄버거나 감자튀김 같은 정크 푸드를 먹고 싶어할 때 "샐러드 한 접시를 먹으면 햄버거 먹을 수 있어"라고 유도하는 겁니다. 햄버거를 먹기 위해 샐러드를 먹으면 건강에 좋은 영양소를 섭취하는 효과가 있습니다. 이 또한 반복되면 채소를 먹는 습관을 쌓을 수 있지요. 더불어 다음번에 햄버거가 먹고 싶은 생각이 들어도 '햄버거를 먹겠다고 하면 또 샐러드를 먹으라고 하겠지. 그냥 햄버거를 먹지 말자'라고 충동을 스스로 조절하는 효과를 얻을 수 있습니다.

놀이와 칭찬을 활용하세요

하고 싶지 않은 일을 하게 할 때 놀이나 게임의 요소를 가미시키면 효과적입니다. 예를 들어 정리하기 싫어할 때 "누가 먼저 블록을 자기 집으로 보내줄까?"라며 아이와 빨리 정리하기 시합을 하거나, 옷을 세탁바구니에 넣지 않고 여기저기 벗어놓을 때 "우리 농구 시합할까? 저 바구니에 쏙 들어가면 이기는 거야. 슛, 골인!" 하고 소리치며 재미있는 놀이를 하듯 집 안을 치워보세요.

아이가 하기 싫은 일을 잘 해냈을 때 칭찬을 하는 것도 좋습니다. 엄마 입장에서는 당연히 해야 하는 일이라고 생각할 수 있지만 아이 입장에서는 엄청나게 참고 견뎌낸 결과이기 때문에 칭찬받을 가치가 있다고 느낍니다. 단, 이때 감정적 칭찬이 아닌 객관적이고 구체적인 칭찬이 중요합니다. "잘했어", "대단해" 등 감정적으로 흥분해 칭찬하는 것보다 "혼자서도 깨끗하게 양치질을 잘하네", "반찬을 가리지 않고 골고루 잘 먹네" 등 아이의 행동을 구체적으로 짚어 칭찬하세요.

보상의 기준을 정하는 것도 필요합니다. 부모는 아이가 칭찬받을 행동을 하면 사탕을 주거나 장난감을 사준다는 약속을 하게 됩니다. 하지만 물질적인 보상이 습관화되면 부작용이 큽니다. 물질 대신 격려, 놀아주기 등 무형적이면서 자존감에 도움이 되는 보상이어야 합니다. 또한 당연한 일이 아니라 아이가 노력을 기울여야 하는 일, 조금 힘들지만 참고 해내는 일에만 보상을 해주세요. 보상을 해줄 때도 '당분간' 보상을 한다고 인식을 시키면서 보상을 구체화할 필요가 있습니다.

Tip

독이 되는 칭찬, 약이 되는 칭찬

칭찬이 모든 아이들에게 약은 아닙니다. 칭찬은 중독을 만들 수 있습니다. 아이가 칭찬을 받기 위해 어떤 일을 하게 되면, 아이 마음속에서 칭찬이 목표가 되어버리죠. 건강한 자기주장, 새로운 시도 그리고 남다른 목표는 칭찬과 무관하게 자라납니다.

사실 부모들은 아이가 새로운 시도를 하다가 실패했을 경우 그 실패에 대해서는 칭찬하지 않습니다. 남과 다른 길을 가고자 하는 자녀에게 잘할 수 있을 거라는 격려보다는 한숨 섞인 불안을 내비치죠. 그러나 행복한 아이를 만드는 육아는 아이의 동기를 강화하고, 힘들어할 때 격려해주는 것입니다. 또한 결과보다는 성실하게 노력하고, 규칙을 지키면서 꾸준히 해나갈 때 그 과정에 대해 칭찬하고 격려해야 합니다. 칭찬이라 할지라도 아이의 선택과 결과에 대해서 개입하는 것은 아이의 능력을 제한시키는 행동이 될 수 있습니다. 결과만을 놓고 칭찬하게 되면 아이들은 결과를 내는 일에만 얽매여버립니다.

한편 칭찬이 부족한 아이도 있습니다. 예를 들면 아주 어린 시절부터 많은 지적과 비난을 받아온 아이입니다. 아이의 특성을 이해 못하는 부모는 아이를 그저 '문제아'라고 생각합니다. 그러고는 혼을 내고 가르치려 하죠. 심한 경우 체벌을 통해 행동을 교정하려고 합니다.

그러나 이런 아이들에게는 잘못한 일을 지적하고 혼내는 대신 잘하는 일에 초점을 맞추어 칭찬해주어야 합니다. 잘하는 일이 없으면 부모님이 아이가 잘할 수 있어 보이는 간단한 심부름이나 과제를 주어서 칭찬할 수 있는 상황을 만들어 칭찬해도 좋습니다. 칭찬을 받기 시작하고 혼나는 일이 줄어들면 아이들의 태도가 달라지기 시작합니다. '나도 괜찮은 사람이야'라고 생각하며 자존감이 높아지고, 내적 동기가 살아납니다. 내적인 동기를 불러일으키는 칭찬은 좋은 칭찬이지만 동기를 약하게 만드는 칭찬은 '개입'일 수 있습니다.

내적 동기를 키워주세요

무엇보다 이런 자기 조절력을 키우는 가장 확실한 방법은 내적 동기(자발적으로 자신이 할 일을 결정하고 실천하는 마음)를 갖도록 돕는 것입니다. 자기 조절을 잘하며 만족 지연 능력이 높은 아이들의 공통점은 내적 동기가 뚜렷하다는 점입니다. 자기 조절이 어려운 이유는 원하는 것을 참아야 하거나 힘든 일을 참고 해야 하기 때문이죠. 하지만 해야 하는 이유, 내적 동기가 있으면 아이들은 조금 힘들고 괴로워도 그 일을 자발적으로 하게 됩니다.

제 딸이 중학생 시절에 40시간 단식을 한 적이 있습니다. 지금도 그렇지만 딸아이는 먹을 것을 참 좋아합니다. 맛있는 음식 앞에서는 표정부터 달라지는 아이가 이런 결심을 한 것은 아프리카 아이들이 먹을 것이 없어 굶어 죽는다는 이야기를 듣고, 그 아이들을 돕기 위한 기금 모금에 참여하겠다는 마음을 먹은 후였습니다. 이것이 아이의 내적 동기였고, 이는 결단으로 이어져 만족 지연이라는 자기 조절로 표현되었습니다. 당시 딸아이는 40시간 동안 물만 마시고, 침묵을 지키고, 휴대전화와 컴퓨터 등 현대적 기기를 사용하지 않고, 편안한 의자에 앉지도 않았습니다. 아프리카 아이들의 힘든 생활을 자신도 경험하기 위해서였죠. 처음에는 아침을 거르는 딸을 보며 걱정이 되었지만 가족 모두 같이 참여하고 싶은 생각에 온 가족이 저녁을 함께 굶었습니다. 그렇게 좋아하는 음식을 40시간 동안 먹지 않았음에도 괴로워하기보다 행복해하는 아이를 보면서 내적 동기의 힘을 다시 한 번 깨닫게 됐습니다.

작은 성공부터 경험하게 해주세요

내적 동기를 키우는 일은 쉽지 않습니다. 일단 목표를 작게 세우세요. 아이가 해낼 수 있는 정도의 작은 목표를 먼저 세우는 것이죠. 이를 통해 성취감을 느끼도록 해야 합니다. 예를 들어 줄넘기를 배우고 싶어 하는 아이라면, 한 번만 넘을 때까지 연습을 시켜보세요. 아이가 줄에 수십 번씩 걸리더라도 "조금만 높이 뛰면 된다, 거의 넘을 뻔했다, 조금만 줄을 빨리 돌리자" 등 격려를 하며 아이가 지루함이나 포기하고 싶은 마음을 견뎌내도록 도우세요. 아이가 성공하면 "연습하니까 된다, 자세가 좋았다"라며 폭풍 칭찬을 해주고, 그다음에 다섯 번까지 뛰기 등 실현 가능하면서도 조금 더 높은 목표를 정한 뒤 다시 연습을 해보세요. 한 번도 못 뛰다가 다섯 번이라는 목표를 이뤄낸 아이는 그것만으로도 자신감과 의욕을 느낍니다.

이런 일이 반복되면 아이는 힘든 것을 참고 해낸 뒤의 기쁨과 성취감을 맛보게 되고, 다른 일을 할 때도 이 상황을 떠올리며 '해낼 수 있다'는 자신감을 갖게 되죠. 이런 성공의 경험이 쌓이면 아이는 처음엔 안 되더라도, 조금 힘들더라도 포기하지 않고 다시 해보는 끈기 있는 사람으로 성장할 수 있습니다.

즐거우면 내적 동기도 저절로 생겨요

내적 동기는 자기 조절의 결과물이자 가장 높은 단계입니다. 따라서 획득하기 어렵습니다. 하지만 아이의 욕구가 내적인 동기로 전환되는 것이므로, 욕구와 동기가 일치할 경우 의외로 쉽게 성취할 수 있습니다. 가령 엄마들이 동경하는 '스스로 앉아서 책 읽는 아이'를 보면 누가 시켜서가 아니라 독서가 재미있기 때문에, 책을 읽고 싶다는 욕구가 내적으로 동기화되어 반복적으로 책을 읽는 훈련이 자연스럽게 이루어진 결과입니다.

하지만 다수의 아이들에게 앉아서 책을 읽는 것은 자신의 욕구와 일치하지 않습니다. 바로 이때 엄마의 현명한 선택이 필요합니다. '책'만을 고집하는 대신 책의 형태를 다르게 바꿔주세요. 즉 아이가 독서를 통해 얻을 수 있는 장점을 만화나 애니메이션, 유튜브 영상 등 아이의 욕구와 맞는 대상 혹은 행위를 통해 얻을 수 있도록 도와주세요. 내적 동기는 자발적인 것으로, 강요하거나 회유하거나 달콤한 보상으로 유혹한다고 해서 생기지 않습니다. 아이가 좋아하는 대상, 흥미를 느끼는 활동을 통해 욕구와 내적 동기를 일치시키는 현명함이 필요합니다.

자기 조절 발달도 아들과 딸은 달라요

아들 키우는 법을 주제로 한 책이 베스트셀러가 될 정도로, 아들과 딸은 다릅니다. 애착 형성, 자기 조절력 그리고 뒤이어 이야기할 공감 능력도 마찬가지입니다. 이 중 남자아이가 여자아이에 비해 가장 취약한 것이 바로 자기 조절력입니다. 유치원 아이들이 줄을 서 있는 모습만 봐도, 여자아이들이 고르게 쭉 서 있는 데 반해 남자아이들은 앉아 있기도 하고, 뒤를 돌아보기도 하고, 옆으로 튀어나와 있는 등 한자리에 서 있는 것을 힘들어하죠.

초등학교 2학년 남자아이의 이야기를 해보겠습니다. 윤재는 지난번 성적표에서 '매우 잘함'을 절반 이상 받아왔을 정도로 비교적 공부를 잘하는 아이입니다. 그런데 윤재의 생활 모습은 착실과는 거리가 멀어 보입니다. 미리 숙제를 한다거나 준비물을 챙겨두는 적이 없고, 하루 종일 아무 말도 없다가 학교에 가기 직전에 "숙제가 있어요", "준비물을 사야 해요"라고 이야기해 가족을 초비상사태로 만들곤 합니다. 아침마다 엄마는 숙제시키느라 바쁘고, 아빠는 문구점에서 준비물을 사느라 정신이 없지요.

객관적으로 윤재는 우수한 아이입니다. 그럼에도 늘 자기 관리를 못하거나 산만한 분위기를 조성합니다. 왜 그럴까요? 바로 남자아이의 타고난 특성 때문입니다. 자기 조절력 면에서 남자아이는 여자아이에 비해 취약합니다. 인내심을 배우는 속도는 남자아이가 여자아이보다 늦습니다. 남자아이들의 충동성이 더 높고, 신체적 활동성도 더 크다는 거죠.

또한 여자아이들은 사회적 감수성이 높습니다. 즉 다른 사람의 칭찬, 엄마의 시선 등 사회적 인정에 민감합니다. 인정을 받느냐 못 받느냐가 중요한 요소로, 자신이 어떤 행동을 할 때 주변이나 사회적 관계 안에서 나를 어떻게 보느냐가 어떤 영향을 주는지 알기 때문에 자기 조절 능력을 내면화시키고 빨리 배우기 마련이죠. 일찍부터 사회화가 되는 것인데, 사회화 중 첫 번째 단계가 바로 자기 통제입니다. 반면 남자아이들은 사회적 인정은 대수롭지 않게 생각하는 경우가 많습니다. 누가 자신을 어떻게 평가하는지는 중요한 기준이 아닌 것이죠. 남자아이들은 자신이 하고 싶은 일, 재미난 일 등 욕구 충족이 더 중요합니다.

Tip

아들의 타고난 특성을
인정하는 법

아들과 딸의 차이를 인정하지 못하면 아들을 키우는 엄마는 더 힘들어집니다. 야무진 여동생과 이웃에 사는 같은 반의 여자 짝을 떠올리면 '쟤는 왜 저럴까?' 싶어 잔소리만 늡니다. 각 개인의 기질과 성향도 중요하지만 기본적으로 아들과 딸이라는 성별의 차이도 있다는 사실을 기억하세요.

아들은 원래 산만합니다

남자가 아닌 엄마들은 특히 아들의 특성을 이해하지 못하는 경우가 많습니다. 아이가 신나게 뛰어다니고, 자기 물건을 잘 못 챙기고, 조금 전에 한 말도 기억하지 못하는 것이 '모자라서' 혹은 '엄마에게 집중하지 않아서', '차분하지 못해서'라고 속단하지 마세요. 그저 활기차게 뛰노는 기질을 타고났고, 자기 조절력이 여자아이에 비해 느리고, 남의 시선보다 자신이 더 중심인 것이 자연스러운 아들의 특성을 받아들이면 편해집니다.

에너지를 건전하게 풀어주세요

소파에서 뛰어내리고, 온 집안을 뛰어다니며 소리치는 아이에게 "엄마가 조용히 하라고 했잖아", "아랫집에서 올라온다!"라고 화내봐야 아이는 변하지 않습니다. 엄마나 이웃집보다 자신이 하고 싶은 것이 먼저이기 때문입니다. '버럭' 소리를 지르면 무서워서 잠깐 멈출 뿐, 잔소리로는 아이의 조절력을 키울 수 없습니다. 얌전히 있으라고 타이르는 대신 에너지를 충분히 발산할 기회를 주세요. 놀이터에서 뒹굴고, 신나게 공을 차고 자전거를 타게 하며 시간을 보내세요. 신체놀이에 강하니 아빠가 몸놀이로 충분히 놀아주면 더욱 좋습니다. 우리 뇌는 흥분성과 억제성이 서로 보완적으로 작용합니다. 흥분 활동을 충분히 하고 나면 집중력을 향상시키는 억제성 신경이 보완적으로 활성화되죠. 아이가 충분히 신체적 에너지를 방출하게 해야 마음속에 차분함이 더 생길 수 있다는 이치입니다(107쪽 참조).

한 번에 하나씩만 얘기하세요

아들 키우는 엄마들이 답답해하는 것 중 하나가 여러 번 말을 해도 변화가 없다는 점입니다. 말을 할 때 멀리서 잔소리하듯 툭툭 던지는 대신 아이의 어깨에 손을 올리고, 눈을 바라보면서 하나씩만 얘기하세요. 이때도 어렵게 말하거나 길게 말하면 아이는 이해하지 못하고, 금세 자신이 하던 일에 관심을 쏟습니다. 한 번에 하나씩, 꼭 지켜야 할 것만 간결하게 이야기하세요.

8-12세, 공감

두뇌 발달의 마지막 핵심은 공감입니다. 생후 36개월까지 엄마와 애착을 형성하고, 4~7세 사이에 자기 조절력을 키웠다면 초등학교에 들어갈 시점부터는 공감 능력을 높이는 데 집중할 때입니다. 이때 애착과 자기 조절은 공감 능력 발달에 굳건한 토대가 됩니다. 각 단계가 분리되어 있는 것이 아니라 서로 연결되어 있는 것이죠. 공감은 상대의 관점에서 상황을 바라보고, 상대가 현재 어떤 상황이고 어떤 기분인지를 파악하는 능력입니다. 진정으로 공감하기 위해서는 상대가 하는 말만이 아니라 얼굴 표정, 목소리, 행동까지 세심하게 살펴야 합니다. 숨겨진 감정과 의도를 파악하는 복합적이면서도 고차원적인 능력이 필요하죠.

그렇기에 공감 능력의 기초는 아동기에 형성되지만 청소년기를 거쳐 성인기까지, 평생에 걸쳐 노력해야 하는 과업입니다.

성장하는 아이에게 경쟁은 숙명, 어울림은 필수예요

아이들은 태어난 순간부터 다른 아이와 경쟁을 시작합니다. 형제자매가 있다면 더 치열하죠. 학교에 들어가면 지식 경쟁을 통해 우등생과 열등생으로 나뉩니다. 국제중, 특목고, 자사고 경쟁은 많이 줄어들었다고 하지만 대학 입시는 여전하죠. 대학 졸업을 하면 취업 전쟁이, 취직을 하면 승진 경쟁이 기다리죠. 마트에서 주차할 때도, 공연장 티켓을 구할 때도 다른 사람보다 더 먼저, 더 좋은 '그것'을 차지하기 위해 눈에 불을 켜는 일이 다반사니까요.

물론 경쟁이 꼭 나쁘다고 이야기하는 것은 아닙니다. 환경에 적응하기 위해서는 누구나 필요한 만큼의 경쟁을 겪어야 합니다. 그렇기에 우리 뇌 안에서도 경쟁은 벌어집니다. 효율적인 신경망을 구성하기 위해 경쟁에서 뒤떨어져 필요가 없어진 회로들을 제거하는 가지치기 현상이 대표적인 예라고 할 수 있죠.

행복한 경쟁을 가르치세요

경쟁에 부작용이 뒤따른다고 해서, 경쟁을 두려워한다고 해서 아이에게 경쟁을 피하게 하는 것은 올바른 방법이 아닙니다. 경쟁은 숙명이나 다름없습니다. 따라서 부모는 아이가 건강한 경쟁심을 가질 수 있도록 도와주어야 합니다.

공정한 규칙의 바탕 위에서 행복한 경쟁이 이루어질 수 있음을 가르쳐주어야 합니다. 이를 위해서는 가정에서 아이와 놀이를 할 때 공정한 규칙을 정하고 그 규칙에 따라 재미있게 놀이를 하는 것에서 시작하면 됩니다. 경쟁과 함께 협동을 가르치는 것도 중요합니다. 협동을 배우지 못한 아이들은 지나친 경쟁의식을 갖고 커갈 위험이 있습니다. 이렇게 여러 사람들과 함께하고 소통하는 기술, 즉 의미 있는 관계를 만드는 관계 형성 능력은 바로 공감이 바탕이 돼야 합니다. 인간이 다른 동물과 차별화되어 사회적 존재로 자리 잡을 수 있었던 것도 공감 능력 덕분입니다. 공감이 없는 사회는 개미나 꿀벌의 사회처럼 각 개인이 외로운 일벌레로만 존재하는 사회가 될 뿐입니다. 공감이 있기에 따뜻한 가정을 이루고, 개인과 사회가 함께 발전해 나갈 수 있습니다.

공감은 아이가 갖고 태어나는 본성이에요

아이의 뇌 속에는 천성적으로 신비한 어울림의 능력이 있습니다. 여럿이 함께하는 즐거움을 잘 알고 있으며 그것을 표현하고 싶은 욕구가 이미 뇌 속에 잘 마련되어 있지요. 실제로 다른 사람의 마음을 이해하고 자신과 생각이 달라도 잘 받아들이는 성향은 어릴 때부터 드러냅니다. 공감 능력이 일찍 발달한 아이는 48개월만 돼도 엄마가 울면 바로 위로를 합니다. 손수건을 건네주거나 "엄마 괜찮아? 왜 그래?"라고 이유를 물어보고 엄마를 안아주며 안심시키죠. 소꿉놀이에서 커피를 만들어 가져다주는 등 엄마가 좋아하는 행동을 하기도 합니다.

물론 성별에 따라, 아이 기질에 따라 공감 능력 발달이 조금 늦거나 빠르게 나타나고, 그 표현을 얼마나 겉으로 드러내고 싶은지에 따라 정도의 차이가 있습니다. 상대적으로 공감 능력 발달이 늦은 아이는 같은 상황에서 위로 표현은커녕 별다른 관심을 보이지 않습니다. '쓱' 한 번 쳐다보고는 자신이 하던 놀이를 지속하거나 '킥킥'거리며 장난을 걸기도 합니다. 위로를 할 경우에도 엄마가 무엇을 좋아할지 엄마의 입장에서 생각하지 못하고 자신이 좋아하는 인형을 가져다주는 등 자기 방식대로 위로하는 미숙한 표현을 보일 수도 있습니다. 하지만 공감 능력 발달이 늦은 아이에게도 친구와 함께하고 싶고 친구를 그리워하고 함께 놀고 싶은 마음과 욕구가 똑같이 자리합니다.

Tip

공감 능력이 뛰어나 보이는 아이, 사실은 의존성이 높은 것일 수도…

공감 능력이 뛰어난 아이는 애착이 탄탄하고 건강한 자기 조절과 내적 동기를 갖고 있어 자존감도 있고 독립적입니다. 그러면서 타인의 감정, 행동을 이해하는 능력도 좋은 거죠.
반면에 의존성이 높은 아이는 '눈치를 보는 것'입니다. 그것은 진정한 공감 능력이라고 할 수 없습니다. 자신이 피해를 보지 않기 위해 (또는 이득을 얻기 위해) 상대방의 눈치를 보는 것은 진정으로 타인을 이해하는 행동이 아니라 낮은 자존감, 자신감 결여, 독립성 부족과 연관된 행동입니다. 이는 평소 자신의 주장을 강하게 내세운 적이 없거나 의견을 말해도 수용되지 못한 경험 때문일 수 있습니다.
그러므로 독립성이 부족한 의존적인 아이로 키우지 않으려면, 부모들이 아이가 자기표현을 할 수 있도록 분위기를 만들어주는 것이 필요합니다. 예를 들어 아침에 아이가 입고 나갈 옷을 고를 때, 잠자리에서 함께 읽을 책을 고를 때, 아이의 생각을 묻고 들어주는 것이죠. 부모가 아이보다 많이 알고 올바른 선택을 할 수 있는 확률이 높지만 아이에게도 기회를 주고, 그 선택을 가능하면 존중해주는 태도가 의존적인 아이로 성장하는 것을 예방할 수 있습니다.
또 부모의 의견과 다를 때 "제 생각은 달라요" 하고 자기 의견을 표현하게 하고, '다른 것이 잘못된 것이 아니다'는 것을 알려주는 것입니다. 아이가 친구들과 의견이 달라 놀림을 받는다면 "내 의견을 말한 게 잘못된 일이 아니라 이를 놀리는 친구가 잘못된 거야"라고 이야기해주세요. 가정 내 민주적인 분위기, 교육이 중요합니다.
부모가 과잉 보호할 경우 아이의 의존성을 더 키울 수 있고, 부모에 대한 의존성이 친구, 선배, 선생님 등에게로 옮겨갈 수 있습니다. 스스로 판단해 주체적으로 삶을 살아가기 힘들어지는 것이죠. 아이가 의존성이 높다면 과보호로부터 한발 물러나 '우리 아이는 잘할 거야'라는 믿음으로 아이가 하는 것을 지켜보세요. 그러다가 부모의 도움이 필요할 때만 도움을 주는 절제된 지원이 필요합니다.

공감 능력을 발현하는 세 가지 뇌 회로

공감 능력은 우리 아이의 두뇌 발달 과정에서 공감 회로라고 부르는 세 가지의 신경 회로망을 통해 드러납니다. 첫째는 행동 모방과 연관된 회로, 둘째는 감정을 인식하고 반응하는 회로, 마지막으로 타인의 생각을 이해하고 그 입장에서 생각할 줄 아는 회로입니다. 공감 회로가 발달하기 전에는 유전적인 영향, 태아 때의 건강, 영양 상태, 출산 전후의 건강 등이 공감 능력에 영향을 미칩니다.

행동을 모방하는 회로

공감은 행동 모방에서 시작합니다. 행동 모방은 표정 따라하기처럼 다른 사람의 행동이나 표정을 모방하는 것이죠. 상대를 따라한다는 것은 그 사람이 하는 행동의 의미를 알고 싶어한다는 신호입니다. 생후

12~18개월의 유아기도 엄마의 행동을 따라하거나 상대의 표정을 읽고 어떤 감정을 느끼는지 알게 됩니다(61쪽 참조). 다른 사람의 표정이나 행동 등 움직임을 관찰하는 순간 뇌는 실제로 자신의 몸을 움직이지 않아도 움직이는 것처럼 느끼게 만들죠. 이를 '거울 신경 회로' 혹은 '미러 네트워크'라고 합니다.

이 회로는 행동·표정 모방을 돕는 회로로 공감 능력을 키우는 과정에서 빛을 발합니다. 다른 사람의 행동을 따라하면서 상대와 비슷해지는 일치감이 생기고, '저 사람이 이렇게 행동할 때 이렇게 느끼는구나'라며 그 말과 행동에 대한 의도, 동기, 감정을 직관적으로 이해하게 됩니다. 특히 아이의 발달에 막대한 영향을 끼칩니다. 무엇보다 언어를 익히는 데 꼭 필요하지요. 아이들은 따로 문법이나 단어를 공부하지 않아도 모국어를 말하고 이해할 수 있습니다. 부모가 하는 말이나 표정, 말투 등을 통째로 따라하면서 언어를 배우는 것이죠.

아이들은 부모의 행동뿐 아니라 표정도 따라합니다. 엄마가 즐거운 표정을 지으면 함께 웃고, 슬픈 표정을 지으면 그 표정을 또 따라하죠. 말로 가르치지 않아도 그 감정이 표현하는 바를 빠르고 정확하게 알아차리고, 자신의 것으로 만들어 보여줍니다. 이 과정에서 아이는 상대(엄마)와 같은 감정을 느끼는 연습을 하게 되는 거죠. 엄마로부터 점차 확대되어 타인 중에 비슷한 표정을 짓는 사람을 보면 그 의도와 생각까지 깨닫는 능력을 갖게 됩니다.

감정에 반응하는 회로

상대의 감정에 반응하는 회로로 감정이입 회로, 엠파시 네트워크라고 합니다. 다른 사람이 행복해하면 같이 기뻐지고 울면 슬퍼지는 것이 바로 이 회로 때문입니다. 6~7세 무렵 활성화되기 시작하는 이 회로는 특히 가족이나 친구처럼 가까운 사람의 기쁨이나 고통을 느낄 때 강하게 활성화됩니다. 감정이입 회로가 활성화되고, 자라면서 인지 능력이 점차적으로 발전하면 나중에는 타인의 입장을 이해하고 그 감정 경험에 대해 튜닝하는 매우 적절한 반응을 할 수 있게 됩니다.

가령 친구가 떠나 슬퍼하는 아이에게 "친구가 지금은 떠났지만 다시 만날 수 있을 거야"라고 말해주는 등 합리적인 위로를 건넬 수 있게 되는 것이지요. 또한 상대방이 느끼는 감정의 흐름을 이해하게 됩니다. 단순히 상대의 감정을 아는 것이 아닌, 이유와 원인을 이해하고 그 흐름을 볼 줄 아는 발전된 형태의 진짜 공감이 가능해지는 것입니다.

생각을 이해하는 회로

역지사지 회로, 멘털라이징 네트워크라고도 합니다. 타인의 생각을 깊게 이해할 수 있게 해주는 이 회로가 발달하면 행동을 모방하는 회로, 감정에 반응하는 회로보다 더 깊은 수준의 공감을 할 수 있습니다. 직접 경험하지 않아도 간접 경험만으로 상대의 의도와 생각을 이해하는 것이죠.

토론 과정에서 자신의 생각을 확장하고 변화시킬 수 있는 것도 바로 이

생각을 이해하는 회로가 발달한 덕분입니다. 다른 사람의 이야기를 듣고 그렇게 생각한 동기와 이유를 이해해 새로운 시야를 얻게 되는 거죠. 그 시야를 통해 편협했던 자신을 변화시킵니다.

이 회로가 발달하면 타인에 대한 이해뿐 아니라 자신의 생각이 어떻게 만들어지는지도 알게 됩니다. 어떤 상황에서 어떤 감정을 느끼고, 자신이 어떤 입장(가치관)을 갖고 있는지를 깨닫는 등 자기 이해 능력이 높아지는 거죠. 내가 어떤 사람인지 깨달으면 다른 사람의 입장과 생각을 파악하고 다양한 가능성을 고려해 자신과 상대방이 함께 윈윈(Win-win)할 수 있는 타협책을 만들 수 있게 됩니다.

이 회로는 평생에 걸쳐 발전하는데 청소년기에 극적으로 활성화되면서 성인기 수준에 이르게 됩니다. 그러나 모든 사람이 같은 수준으로 발달하지 않습니다. 심지어 어른이 되어도 이 회로를 제대로 활용할 능력을 갖추지 못한 사람도 있습니다. 타인의 입장, 생각을 고려하는 능력이 미숙한 거죠. 이런 사람들은 상대방의 입장을 이해하지 못하고, 상대방의 생각과 감정을 연결시키지 못합니다. 그렇기에 타인을 왕따시키거나 신체적·정신적으로 괴롭히는 행동을 할 위험이 있습니다.

Tip

공감 회로가 발달하지 않은
폭력적인 아이들

공격적 아동이나 학교폭력 가해자들은 공감 능력이 제대로 발달하지 않은 대표적인 아이들입니다. 자신의 행동이 상대에게 어떤 영향을 미치는지, 상대가 어떻게 느끼는지 그 의미를 제대로 깨닫지 못하죠. 자신의 가학적인 폭력으로 인해 피해자가 "죽고 싶다", "비참하다"고 말해도 그 의미를 축소시키고, 자신의 행동에 따른 결과라는 것을 마음으로 받아들이지 못합니다. 뻔뻔스럽게 장난이었다는 말로 넘어가려는 가해 학생들과 면담을 해보면, 실제로 자신은 장난을 한 것뿐인데 뭘 그렇게 심각하게 받아들이는지 잘 모르겠다고 호소하는 경우도 있습니다. 정말로 상대가 어떤 고통을 느끼는지 제대로 공감하지 못하는 아이들이 있다는 거죠.

심지어 감정이입 회로조차 제대로 기능하지 못하는 경우도 있습니다. 그들은 자신이 하는 행동이 실망, 좌절, 분노를 표출하는 하나의 방법이고, 가학적 방식으로 내적 스트레스를 푸는 것이라고 느낍니다. 그러면서 피해 학생이 느끼는 고통을 외면하거나 부인하기도 합니다. 그렇기 때문에 반복적인 가해를 하는 거죠.

그럼 반복적으로 가해 행동을 하는 아이의 특징은 무엇이고 그들의 뇌에는 어떤 문제가 있는 걸까요? 서울대학교병원의 우리 연구팀은 그 주제를 지속적으로 탐구하고 있습니다. 수년 동안의 연구 결과를 간단히 요약하면 다음과 같습니다.

첫째, 또래 청소년에 비해 공감 회로 중 감정에 반응하는 회로, 생각을 이해하는 회로가 심각하게 저하되어 있다.
둘째, 분노, 충동에 대한 자기 조절과 관련된 전두엽 기능이 심각하게 저하되어 있다.
셋째, 이 중 70퍼센트에 상당하는 아이가 어린 시절 학대, 폭력을 지속적으로 받은 경험이 있다.
넷째, 25퍼센트에 상당하는 아이가 사이코패스와 같은 양상을 보이며 피해 학생의 고통을 즐기는 가학적 폭력성을 가지고 있다.
다섯째, 자살, 자해 등에 집착하며 만성 우울과 자포자기적 인생관을 가지고 있다.

이 아이들의 뇌 공감회로가 발달하지 못한 원인은 복합적일 것입니다. 그리고 그 복합적 요인에는 어린 시절에 받았던 폭력과 학대 경험, 자기 조절과 전두엽의 발달 저하가 거의 항상 동반됩니다.

그러나 다행스러운 점은 이 아이들에게 아직 회복 가능성이 있다는 사실입니다. 아직 어린 청소년기이니까요. 우리 연구팀에서는 공감 중심의 정신과적 치료를 통해 뇌 회로와 기능이 개선되고, 공감 능력의 회복이 가능하다는 긍정적인 발견을 했습니다. 회복과 효과에 미치는 하나의 특징은 아이들의 나이였습니다. 고등학생보다는 중학생 그룹이 더 효과적이었죠. 어릴수록 그 효과가 더 좋았습니다. 따라서 이런 아이들의 공감 능력 발달을 위해서는 치료적인 노력이 가능한 빨리 시작되어야 하고, 가능하면 초등학교 때부터 도움을 주는 것이 더 효과적일 수 있습니다.

내 아이의 공감 능력 어느 정도일까요?

내 아이 공감 능력이 궁금하다면 다음의 체크리스트를 이용해보세요. 아이 스스로가 자신에 대해서 평가하는 설문으로 이는 객관적인 정보보다 대략적인 모습을 알 수 있게 해줍니다.

이 체크리스트는 초등학교 6학년(13세) 이상은 되어야 의미 있는 평가가 가능합니다. 또한 맞고 틀리는, 정답이 있는 문제가 아니므로 각 질문마다 느껴지는 대로 솔직하게 답하는 것이 중요합니다. 모든 항목의 체크가 끝나면 점수를 계산해주세요. 점수가 높게 나올수록 공감 능력이 높은 아이라 할 수 있습니다.

Tip

아이 공감 능력 체크리스트

1. 다른 사람이 흥분하면 나도 흥분하는 경향이 있다
   전혀 그렇지 않다☐   거의 그렇지 않다☐   가끔 그렇다☐   자주 그렇다☐   항상 그렇다☐

2. 다른 사람의 불행은 나와 상관이 없다
   전혀 그렇지 않다☐   거의 그렇지 않다☐   가끔 그렇다☐   자주 그렇다☐   항상 그렇다☐

3. 다른 사람이 부당한 대접을 받는 것을 보면 화가 난다
   전혀 그렇지 않다☐   거의 그렇지 않다☐   가끔 그렇다☐   자주 그렇다☐   항상 그렇다☐

4. 나와 가까운 사람의 행복은 나와 상관이 없다
   전혀 그렇지 않다☐   거의 그렇지 않다☐   가끔 그렇다☐   자주 그렇다☐   항상 그렇다☐

5. 나는 다른 사람이 더 행복해지는 것이 좋다
   전혀 그렇지 않다☐   거의 그렇지 않다☐   가끔 그렇다☐   자주 그렇다☐   항상 그렇다☐

6. 나보다 운이 나쁜 사람에 대해서 나는 미안한 느낌을 갖는다
   전혀 그렇지 않다☐   거의 그렇지 않다☐   가끔 그렇다☐   자주 그렇다☐   항상 그렇다☐

7. 친구가 자신의 문제에 대해 이야기할 때 나는 다른 주제로 대화를 바꾸려고 노력한다
   전혀 그렇지 않다☐   거의 그렇지 않다☐   가끔 그렇다☐   자주 그렇다☐   항상 그렇다☐

8. 나는 다른 사람이 이야기하지 않아도 그 슬픔을 느낄 수 있다
   전혀 그렇지 않다☐   거의 그렇지 않다☐   가끔 그렇다☐   자주 그렇다☐   항상 그렇다☐

9. 나는 다른 사람의 기분에 맞춰줄 수 있다
   전혀 그렇지 않다☐   거의 그렇지 않다☐   가끔 그렇다☐   자주 그렇다☐   항상 그렇다☐

10. 나는 심각한 질병을 앓는 사람들에게 동정을 느끼지 않는다
    전혀 그렇지 않다☐   거의 그렇지 않다☐   가끔 그렇다☐   자주 그렇다☐   항상 그렇다☐

11. 나는 누군가 울면 짜증이 난다

전혀 그렇지 않다☐   거의 그렇지 않다☐   가끔 그렇다☐   자주 그렇다☐   항상 그렇다☐

12. 나는 다른 사람의 감정에 별로 관심이 없다

전혀 그렇지 않다☐   거의 그렇지 않다☐   가끔 그렇다☐   자주 그렇다☐   항상 그렇다☐

13. 나는 누군가가 화가 나 있는 것을 보면 돕고 싶은 느낌이 강하게 든다

전혀 그렇지 않다☐   거의 그렇지 않다☐   가끔 그렇다☐   자주 그렇다☐   항상 그렇다☐

14. 나는 다른 사람이 부당한 대접을 받는 것을 봐도 별로 동정심이 생기지 않는다

전혀 그렇지 않다☐   거의 그렇지 않다☐   가끔 그렇다☐   자주 그렇다☐   항상 그렇다☐

15. 나는 행복을 간절히 바라는 사람들이 바보 같다고 생각한다

전혀 그렇지 않다☐   거의 그렇지 않다☐   가끔 그렇다☐   자주 그렇다☐   항상 그렇다☐

16. 나는 누군가가 이용당하는 것을 보면 보호해주고 싶은 느낌이 든다

전혀 그렇지 않다☐   거의 그렇지 않다☐   가끔 그렇다☐   자주 그렇다☐   항상 그렇다☐

채점 방법

순방향 채점 문항	1, 3, 5, 6, 8, 9, 13, 16	역방향 채점 문항	2, 4, 7, 10, 11, 12, 14, 15
전혀 그렇지 않다	0점	전혀 그렇지 않다	4점
거의 그렇지 않다	1점	거의 그렇지 않다	3점
가끔 그렇다	2점	가끔 그렇다	2점
자주 그렇다	3점	자주 그렇다	1점
항상 그렇다	4점	항상 그렇다	0점

나는
공감을 잘하는
부모일까요?

더불어 부모도 공감 능력 체크리스트를 통해 '나는 공감을 잘하는 부모인가' 체크해볼 필요가 있습니다. 공감 능력이 높은 부모 밑에서 공감 능력이 높은 아이가 자랍니다. 체크리스트 질문에 '그렇다'라는 대답이 많을수록 공감 능력이 높은 부모라 할 수 있습니다. 표준화된 설문은 아니므로 간단한 참고 목적으로 활용해주세요.

Tip

부모 공감 능력 체크리스트

1. 나는 아이가 어떤 말을 할 때 무슨 일이 있었는지 걱정하는가? ☐ 그렇다 ☐ 아니다

2. 나는 아이를 혼내기 전에 아이의 입장을 먼저 생각해보려고 하는가? ☐ 그렇다 ☐ 아니다

3. 나는 아이의 표정이 좋지 않으면 무슨 고민이 있는지 걱정하는가? ☐ 그렇다 ☐ 아니다

4. 나는 아무리 화가 나도 전후 사정을 살펴보려고 노력하는가? ☐ 그렇다 ☐ 아니다

5. 나는 아이가 선생님한테 혼났다는 이야기를 들으면 아이가 속상해할까 봐 안쓰러운가? ☐ 그렇다 ☐ 아니다

6. 내가 지시한 일을 아이가 하지 못했을 때 그 이유를 먼저 알아보려고 하는가? ☐ 그렇다 ☐ 아니다

아이와 함께하는 공감 대화법

아이가 성장하면서 공감 회로가 발달하는 데는 부모가 주는 따뜻한 공감이 많은 영향을 줍니다. 아이의 공감 능력은 부모의 공감 능력을 반영하여 발전하기 때문이지요. 부모의 건강한 공감이 아이의 공감 회로를 자극, 발달시킬 수 있게 평소 공감 대화법을 많이 활용해보는 것이 좋습니다. 다음에 소개하는 '공감 회로 발달을 돕는 공감 대화법'의 1~2번은 대화를 준비할 때, 3~5번은 대화를 할 때, 6번은 대화를 끝낼 때 활용하기 적합합니다. 그러나 실제 대화에서 내용들이 혼합될 수 있고, 상황에 따라 필요 없는 단계도 있을 수 있습니다. 단계를 너무 구분하려고 하지 말고 편하게 활용해보세요.

공감 회로 발달을 돕는 공감 대화법

1 몸과 마음을 이완시켜 공감하기 위한 준비를 한다

아이와 대화 전 잠시 눈을 감고 심호흡을 하며 아이에 대해 생각해보세요. 아이를 생각하는 것만으로도 우리의 뇌는 공감 회로를 활성화시켜 아이에게 집중하고, 아이가 처한 상황에 주의를 기울이도록 도와줍니다. 이때 아이의 모든 것을 받아들이겠다는 마음을 가져야 합니다. 아이들은 '엄마아빠의 마음이 나를 향해 열려 있구나'라는 사실을 아는 것만으로도 고마운 마음을 갖게 됩니다. 이것이 공감이 주는 선물이죠. 아이와 나눌 대화의 내용과 방향을 미리 생각해보는 것도 좋습니다.

2 아이의 움직임에 주목한다

아이의 움직임, 자세, 표정 등을 자세히 살핍니다. 아이의 움직임을 내 마음속에 거울처럼 비추는 것입니다. 앞서 거울 신경 회로에서 말한 대로 행동이나 표정을 따라하는 것이 공감의 시작입니다. 가능하다면 아이의 움직임을 머릿속에서 따라해보세요. 따라하는 동안 아이와 일치감이 생기고, 아이의 행동이나 말에 담긴 감정, 의미를 직관적으로 이해하게 됩니다. 그러나 이때 중요한 것은 아이의 상태를 살피고 느끼는 것이지 분석하거나 해석하는 것이 아닙니다. 아이의 감정을 함께 느낄 수 있도록 몸과 마음을 계속 이완된 상태로 유지하는 것이 중요합니다.

3 아이의 감정을 함께 느낀다

아이와의 대화가 시작되면 아이 감정에 공감할 수 있도록 부모도 자신의 내면에 집중해야 합니다. 자신의 호흡, 감정 그리고 움직임을 느껴보세요. 그런 다음 아이의 얼굴과 눈을 주의 깊게 살펴보세요. 아이의 핵심 감정은 얼굴 표정과 눈빛을 통해 드러납니다. 아이의 표정과 눈빛이 변하는 것을 느껴보세요. 충분한 관심을 기울인다면 작은 변화도 감지할 수 있습니다. 아이를 있는 그대로 받아들인다는 마음을 유지하고 아이의 감정을 함께 느낄 수 있도록 몸과 마음을 계속 이완된 상태로 유지하는 것이 중요합니다.

4 아이의 생각을 따라간다

대화, 내용, 말투를 들어보고 관찰하면서 아이의 마음속에 어떤 생각이 있는지, 어떤 느낌이 자라나는지 생각해보세요. 이때는 내가 이미 아이에 대해 알고 있는 것, 가령 아이의 어린 시절이나 기질, 성격, 최근의 일, 부모와의 관계 등을 자유롭게 떠올리면 됩니다. 이런

것들이 아이에게 어떤 영향을 미칠지 생각해본 뒤 '아이가 마음 깊이 생각하고 있는 것은 무엇일까?', '아이에게 가장 중요한 것은 무엇일까?', '아이가 내게 가장 바라는 것은 무엇일까?' 질문해봅니다. 이때 성급하게 결론을 내리지 말고, '아직은 잘 모르겠다'는 마음으로 궁금증을 갖고 아이의 생각을 따라가야 합니다.

5 느낀 것을 아이와 나눈다
대화를 나누는 중간중간 자신의 느낌과 생각을 아이에게 확인하며, 이 공감이 올바른 방향으로 가고 있는지 확인합니다.
"네가 지금 느끼고 있는 게 ＿＿인 것 같은데, 맞니?"
"잘은 모르겠지만 ＿＿라고 생각하는데, 그렇지 않니?"
"그 말은 네가 ＿＿로 고민한다는 것으로 들리네."
이처럼 아이에게 부모의 느낌을 확인하는 것입니다. 이때 아이를 비난하는 말투, 혼내려는 태도로 질문하지 않도록 주의해야 합니다. 그렇다고 아이의 모든 말에 무조건 동의하라는 것은 아닙니다. 의견이 있다면 아이에게 말하세요. 아이의 감정에 공감하면서도 어른으로서 의견을 이야기할 수 있습니다.

6 부모도 아이에게 공감을 받는다
부모도 아이에게 공감받을 시간이 필요합니다. 아이가 부모의 의견에 단순히 동의하는 것이 아니라 부모의 마음을 알아주는 것이지요. 부모가 마음을 활짝 열고 아이에게 정직하게 대할수록 아이의 공감을 받을 가능성이 더 커집니다.

"얘기를 나누어보니까, 네가 요즘 성적 문제와 친구와의 갈등으로 힘들었구나, 나도 눈치는 채고 있었는데, 너에게 자세히 들어보니 더 많은 것을 알게 되었어. 엄마(아빠)는 너의 상황을 다 알지는 못한다고 생각해. 그런데 엄마(아빠)도 요즘 네 걱정을 하고 있었거든. 앞으로 계속 도와주고 싶고, 그러려면 좀 더 많은 얘기를 나누었으면 하는데 괜찮겠니?"

"엄마(아빠)가 제 걱정을 많이 해주시는 거 알아요. 더 걱정을 하실까 봐 말씀 못 드렸어요. 앞으로 자주 상의드릴게요. 엄마(아빠)도 바쁘시고 힘드신데 제가 못 도와드려 죄송해요."

부모들은 아이의 진솔한 마음과 위로의 말을 들을 때 세상을 다 얻은 것 같은 기분을 느낍니다. 그렇다고 해서 아이에게 공감해줄 것을 강요해서는 안 됩니다. 부모가 먼저 아이에게 공감할 때 비로소 아이들도 그것을 보고 배워서 따라합니다.

Tip

공감 대화,
어렵지 않아요

아이가 감정을 표현할 때 엄마의 역할은 그 감정을 건강하게 표현하고 타인과 소통하는 방법을 알려주는 것입니다. 아이가 속상해하거나 불안해하면 현재 아이의 감정을 물어보고, 어떻게 하면 기분이 좋아질지 이야기를 나눠보세요. 또한 아이의 감정에 솔직하게 반응하며 엄마의 감정을 표현해보세요.

아이가 친구와 싸운 뒤 화를 낼 때
"왜 화가 났는지 얘기해볼래?"라고 물어보고 "그랬구나, 서운했구나" 등의 표현으로 아이의 마음을 받아들이세요. 이때 "왜 싸웠어?"라거나 "누가 먼저 때린 거야?"라고 비난하는 것이 아닌 "어떻게 해서 그런 일이 일어났어? 그 친구와 싸우고 나니 기분이 어때? 앞으로는 어떻게 해야 할까?"라는 질문을 하세요. 남을 탓하거나 죄책감을 심어주는 태도가 아니라 마음을 읽어주고, 감정을 생각해보고, 해결책을 고려해볼 기회를 주는 것입니다.

아이가 짜증을 내며 이야기할 때
"화를 내면서 말하면 잘 알아들을 수 없어. 마음에 들지 않는 부분을 차분히 말로 하는 게 더 좋아"라고 알려줍니다. 혹은 "화가 나도 소리를 지르는 것은 좋지 않아. 어떻게 하면 네 기분이 나아질 수 있을까?"라거나 "속상하면 엄마와 좀더 이야기를 해보자"라고 방법을 고민해봅니다. 아이가 짜증을 멈추고 말을 하면 변화된 태도를 칭찬해주세요. 화를 내며 말할 때와 좋은 말로 표현할 때 상대가 보이는 반응의 차이를 명백하게 느끼면 효과가 좋습니다.

부모가 아이에게 화가 났을 때
많은 엄마들이 아이에게 화가 나면 "몇 번을 말해야 알겠니? 너는 뭐가 문제야? 너 때문에 이렇잖아"라는 식으로 감정을 표현합니다. 하지만 이런 대화는 서로의 마음을 상하게 만들고, 아이에게 그릇된 감정 표현 방법을 심어주죠. 이때는 '너'가 아닌 '나'를 주어로 해 감정을 표현하는 습관을 들이는 것도 도움이 됩니다. "그렇게 화를 내면서 말하면 엄마도 화가 나려고 해. 그러니까 조금 조용히 부드럽게 얘기해줄래?"라거나 "위험하게 놀면 네가 다칠까 봐 엄마는 걱정이 돼. 우리 딸이 다치면 엄마는 정말 마음이 아파"라고 상황을 설명하고 그에 대한 엄마의 감정을 표현해보세요. 자신의 행동에 따른 엄마의 감정을 접하면 아이는 상황에 맞는 적절한 행동을 배울 수 있습니다. 아이가 가족을 넘어서 친구, 선생님 등 다른 사람들의 감정을 접하면 더 많은 사람의 마음을 이해하고 공감하는 능력을 키우게 됩니다.

'문·예·체 교육'이 공감 능력을 키워요

앞서 가정과 학교에서 친구의 마음을 이해하고 공감할 수 있는 경험을 쌓는 것이 도움이 된다고 말씀드렸습니다. 그 일환으로 아이들의 공감 능력을 키워주는 효과적인 방법이 문화·예술·체육 교육입니다. 아이들에게 "친구와 사이 좋게 지내야지"라는 이야기를 몇 시간씩 늘어놓는 것보다 아이들이 직접 체험하면서 스스로 느끼고 행동을 변화시키도록 돕는 것이 더 효과적입니다. 예를 들어 국어 시간에 왕따를 당한 아이의 힘든 감정이 잘 나와 있는 자작시를 읽고 그 느낌을 나누는 것은 어떤 수업보다도 더 효과적이에요. 실제로 호주에서 그런 수업을 참관한 적이 있는데, 초등학교 아이들이 선생님과 함께 눈물을 흘리는 모습을 보았습니다. 시나 산문뿐만 아니라 미술 시간에 그림을 그리고 음악 시간에 악기를 연주하며 자신의 감정을 표현하는 과정을 통해 아이들의 공감 능력을 키울 수 있습니다.

실제로 문·예·체 교육이 아이들의 자신감, 학습 능력, 의사소통 능력을 키우며 공감 능력을 높이는 데 도움이 된다는 사실이 여러 나라의 연구를 통해 증명되고 있습니다. 캐나다에서는 '어린이와 청소년을 위한 예술 네트워크'라는 이름으로 예술가와 교육자들이 협력해 문화·예술 프로그램을 마련했습니다. 아이들이 학교 밖 전문가와 교류하며 예술 작품을 만들고, 전시회나 박물관을 다니며 다양한 과제를 수행하도록 했죠. 그 결과 서로 협력하는 능력이 향상되었고 삶에 대한 열정, 낙천적인 태도가 높아졌습니다.

문·예·체 교육은 자기표현, 자신에 대한 탐색, 정서적 긴장 완화 효과와 더불어 말로 표현하기 어려운 것에 대한 의사소통의 기회가 됩니다. 특히 이성적 판단보다는 감정적 행동이 앞서는 청소년기 아이들에게는 효과적인 의사표현 수단이라 할 수 있습니다.

단, 문·예·체 교육을 할 때 유의할 점이 있습니다. 바로 재미있게, 꾸준히 진행되어야 한다는 것입니다. 아이들은 교육을 통해 자신의 존재감을 깨닫고 그것을 여러 사람에게 인정받을 때 꾸준히 지속할 수 있고 그 효과도 더 커집니다. 따라서 강제성 있는 교육보다는 아이들이 각자의 흥미와 수준에 따라 자연스럽게 참여할 수 있도록 이끌어야 합니다. 또한 아이들의 상황에 맞게 문·예·체 활동을 선정하는 것이 좋습니다.

Tip

공감 능력을 업(up)! 시키는
문·예·체 교육

야구, 핸드볼 등 단체 체육 활동

팀 체육 활동은 경쟁과 협동 그리고 팀원 간의 의사소통의 중요성을 깨닫게 해줘요. 나를 넘어서서 조직의 구성원으로서의 역할이 갖는 의미를 배우는 데 최적의 활동이며, 팀원 간의 배려와 약자에 대한 보호, 결과보다는 과정의 즐거움과 중요성을 익히기에 좋은 활동입니다. 한 명의 스타가 중요한 것이 아닌 함께하는 팀워크가 중요하다는 것을 깨달아 타인과의 소통과 공감의 중요성을 몸으로 체험할 수 있게 합니다.

악기 연주, 오케스트라 등 음악 활동

혼자 즐기는 것을 넘어서 여러 사람의 심금을 울리기 위해서는 기본적으로 음악을 제대로 이해하고, 소화하고 표현해야 합니다. 즉 작품을 만든 작곡가의 마음을 느껴야 하고, 자신의 감성을 들여다보고, 자신의 느낌을 다른 사람에게 잘 전달하기 위해 노력해야 합니다. 다른 사람이 자신의 연주를 들을 때 어떤 감정을 느낄까 고민하는 것만으로도 공감 능력이 자랍니다. 또한 화음이 중요한 오케스트라 활동은 자신만이 아닌 협동의 중요성을 일깨워주며 단체 활동을 통해 공감 능력을 키워줍니다.

인형극, 동화 구연, 연극 활동

연극은 사람들과 부대끼며 하는 활동으로 여러 사람과 관계를 맺고 협동하는 과정이 필수입니다. 집단 속에서 갈등이 생길 때 해결하기 위해 노력하며, 자신의 입장을 표현하는 동안 소통 능력이 높아집니다. 무엇보다 자신이 맡은 역할을 제대로 해내기 위해서는 작품 속 인물의 기분과 감정, 동기를 인식하고 해석하는 노력이 뒤따라야 합니다. 역할의 행동과 대사를 따라하고 자신의 것으로 재해석, 표현하는 과정에서 감정이입과 공감 능력이 높아집니다.

만들기, 그리기 등 미술 활동

미술은 조용하고 내향적인, 표현이 없는 사람에게 중요한 표현 수단입니다. 감정이 담긴 그림이나 만들기 작품은 다른 사람과 소통할 수 있는 매개체가 되기 때문입니다. 작업을 하는 과정에서 자신의 감정을 들여다보게 되며, 같은 주제로 다양한 표현을 하는 주위 친구들을 보며 서로의 차이를 인식하고 받아들이는 기회도 갖게 됩니다.

아이의 감정을 있는 그대로 인정해주세요

공감 능력이 발달하기 위한 필요조건은 이전 단계인 애착, 자기 조절 능력이 갖춰지는 것입니다. 아이들의 발달은 단계를 건너뛸 수 없습니다. 단계에 이르는 속도와 과정에는 차이가 있지만, 반드시 한 단계를 마스터해야 다음 단계를 성취할 수 있습니다. 부모 마음이 급하다고 서두를 수 없는 부분입니다. 그리고 애착, 자기 조절, 공감은 분리된 게 아니라 연결되어 있어요. 예를 들어 애착에 가장 부정적 영향을 주는 감정은 놀람과 공포 반응입니다. 이에 관련된 회로는 감정 조절, 공감과 밀접하게 연결되어 있습니다.

공감에 있어서도 가장 기본적인 공감은 분노, 놀람, 공포 같은 부정적인 감정을 느끼는 상대방의 마음을 함께 느껴주고 위로해주는 것부터 시작됩니다. 조절에서도 가장 기본적인 조절은 분노나 공격성의 조절부터 시작되고요. 애착이 안정되고, 자신의 행동과 감정에 대한 자기 조절이 가능하면 그 토대 위에 타인에 대한 진정한 공감이 자라납니다. 다른 사람의 감정을 잘 파악하기 위해서는 자신의 감정부터 들여다봐야 합니다. 자신의 감정을 살피고 이해해야 다른 사람의 감정에 공감할 수 있기 때문입니다. 아이가 자신의 감정을 잘 이해하려면 평소 감정을 솔직하게 느끼고 표현할 수 있는 환경이 마련되어야 합니다.

아이가 느끼는 감정에는 옳고 그른 것이 없습니다. 슬프면 울고, 엄마에게 혼이 나 기분이 언짢으면 "엄마 나빠!"라고 소리 내어 말하고, 기분이 좋으면 방실거리며 방방 뛰는 등 자신의 감정을 솔직하고 편안하게 표현해야 자신의 감정에 죄책감을 느끼지 않고, 건강하게 받아들일 수 있습니다. 달리기에서 1등을 해서 기분이 날아갈 것 같은데 친구를 배려해야 한다며 겸손하라고 충고를 듣고, 속상해서 우는데 '우는 건 바보 짓이다'라고 통제를 받으면 아이는 자신의 감정을 솔직하게 바라볼 수 없습니다. 통제가 강제가 되면, 가짜 감정을 배우게 됩니다. 사회적 관계를 위해서 감정을 속이는 것은 나중에 어른이 되어서 생존을 위해 배우는 고도의 대인관계 기술이지, 어린아이들에게 가르쳐서는 안 되는 것입니다.

아이가 감정을 표현할 때 그 자체로 인정하고 공감해주세요. "왜 그런 말을 해? 그건 나쁜 말이야"가 아니라 "정말 속상했구나, 엄마도 그랬겠다"라거나 "듣기만 해도 신이 나네, 얼마나 기분이 좋니?"라고 있는 그대로 그 감정을 받아들여주세요. 그래야 자신이 느끼는 감정이 무엇인지 제대로 느끼고 스스로 깨달을 수 있습니다.

3장

행복한 두뇌는
5-12세에
만들어집니다

아이가 키우는 생각 지느

부모들이 어릴 때 해왔던 방식대로 혹은 지금까지 절대적이던 주제 혹은 대상을 학습하는 것만으로는 앞으로의 세상에서 경쟁력 있는 존재로 살기 어렵습니다. 급변하는 세상에서 아이에게 심어주어야 할 중요한 가치는 더이상 '무엇'이 아닌 '어떻게'입니다.

4차 산업혁명을 처음 발표한 다보스 포럼에서는 미래 인재에게 필요한 역량으로 창의력, 복잡한 문제해결 능력, 협업 능력, 비판적 사고력, 인지적 유연성 등을 제시했습니다. 어떤 지식이나 대상 자체가 아니라 그것을 바라보고, 판단하고, 활용, 적응하는 '태도'에 집중한 것이죠.

바로 이런 역량의 중심에 생각 지능이 있습니다. 생각 지능은 단순히 어떤 것을 익히고 배우는 학습 능력이 아닙니다. 우리 삶에 도움이 되는 분야에서 새로운 것을 만들어내고 문제를 해결하는 창의력, 창의력을 현실로 만들기 위한 몰입을 가능하게 하는 주의 집중력, 창의력을 탄생시키는 힘, 상상력 등 같은 지식과 정보를 가지고도 다른 결과를 만들어내는 우리 뇌의 지적·생산적 사고 능력을 이릅니다.

생각지능은 타고 나기도 하지만 노력과 환경에 의해 발현되고 유지될 수 있습니다. 두뇌를 알고 생각 지능의 활성화를 위해 노력할 때, 우리 뇌는 더 똑똑해지고 행복해질 수 있습니다.

창의력, 왜 필요할까요?

창의력이란 무언가를 스스로 만들어내는 능력입니다. 사실 창의력의 바탕은 다양한 생각을 조합해내는 능력입니다. 우리 뇌에서 생각을 조합할 때 주의력, 공간 지능, 수리 지능, 판단 능력 등 다양한 요소의 결합이 일어나며 통합적인 개념과 원리, 법칙 등 새로운 산물을 만들어 내는 것이죠.

창의력을 발휘한다는 것은 뇌의 모든 부분이 활성화되어 특정 과제와 목표에 집중한다는 뜻입니다. 이때 활성화된 뇌 부위들은 서로 간에 다양한 신경망을 만들어냅니다. 아이들이 창의력을 발휘할수록 신경망은 더 넓어지고 뇌는 더욱더 발달합니다.

창의적인 아이가 행복해요

행복과 창의력은 가장 밀접하게 연결되어 있습니다. 새로운 것을 만들어내는 것만큼 재미있는 일은 없기 때문이죠. 예를 들어 아이에게 똑같은 수학 문제를 백 번 풀게 하면 지루함과 지겨움이 각인되어 수학이라는 말만 떠올려도 진저리를 치게 됩니다. 그러나 재미있는 놀이로 수학 원리를 가르치면 그것을 알아가는 과정에서 얻은 즐거움으로 더 많은 수학 원리에 관심을 갖게 되죠.

<mark>뇌과학적인 면에서도, 아이가 창의력을 발휘하는 동안 뇌에서 신경 전달 물질인 도파민(Dopamine)과 세로토닌(Serotonin)이 분비되는데 이는 행복감을 느끼게 돕는 물질이기도 합니다.</mark>

인간의 행복은 생산적 활동 과정에서 얻어집니다. 아이들 역시 생산적 활동을 통해 자기 자신을 발전시키면서 진정한 행복을 느끼죠. 창조적이고 생산적인 활동을 하는 동안 뇌 전체에 흥분과 짜릿함이 전달되고

온전히 자신이 하는 일에 몰입하며 성취감과 즐거움을 경험하는 것입니다. 정서적 기쁨과 자아 성취감을 맛보게 되죠.

더욱이 이런 경험은 직접 경험한 것이기 때문에 사라지지 않고 뇌 안에 평생 각인되어, 일생을 좌우하는 자아 존중감을 형성합니다. 그리고 더 많은 창의력을 발휘하기 쉬운 구조와 기능으로 우리 뇌를 바꾸어갑니다.

> 도파민은 한계를 뛰어넘는 새로운 아이디어를 만들어내며 흥분감을 주고, 세로토닌은 지나친 흥분을 조절하도록 도와주며 집중하게 합니다

Tip

행복한 뇌 발달에 빠질 수 없는
도파민

우리 뇌에 불필요한 자극을 걸러내고 원하는 목표에 몰입할 수 있게 도와주는 물질이 바로 도파민입니다. 또한 몰입하고 목표를 이루기 위해 노력하는 활동에서 짜릿한 기쁨을 느끼게 하죠. 쉽게 말해, 도파민은 몰입의 즐거움을 알게 해주는 물질이라고 할 수 있습니다.

이 도파민은 아이들의 발달과 학습 동기를 부여하는 데에도 중요한 역할을 합니다. 도파민이 없어도 1등이 되고자 하는 욕구가 생길까요? 아닙니다. 아이가 성적을 위해 잠을 줄여가며 공부하겠다는 마음도, 부모님과 선생님의 칭찬이라는 강력한 보상을 받고자 하는 마음도 도파민 신경망에서 비롯됩니다.

그렇다면 아이들의 도파민 신경망을 어떻게 발달시킬 수 있을까요? 도파민 신경망을 건강하게 발달시키기 위해서는 태아기부터 영유아기 때 부모의 세심한 노력이 필요합니다. 임신기에 산모가 받는 스트레스와 압박감, 불안감은 아이의 도파민 신경망 발달을 방해합니다. 그리고 담배 연기와 환경 독소 두 가지는 꼭 피해야 하고요. 이 유해 물질들은 아이들의 도파민 신경망을 망가뜨리거나 그만큼의 안좋은 영향을 미칩니다.

반면 부모와의 친밀한 신체적 접촉은 도파민 신경망을 정상적으로 발달시킵니다. 편안한 환경에서 아이와 따뜻하게 살을 맞대는 것, 자주 눈맞춤을 해주는 것, 부드러운 언어와 노래를 통한 자극을 주는 것 등이 모두 도파민 신경망을 튼튼하게 합니다.

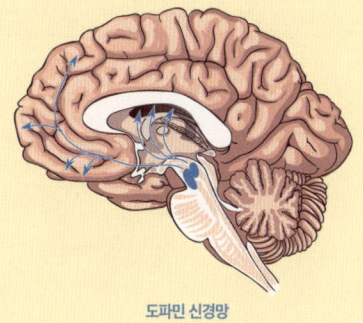

도파민 신경망

Tip

진정한 행복을 누리게 하는
세로토닌

세로토닌 신경망은 도파민 신경망에 비해 훨씬 더 넓은 뇌 영역에 걸쳐 분포합니다. 이는 뇌의 특정 기능을 활성화시키기보다 뇌의 전반적인 조절 기능을 담당하고 있기 때문입니다. 즉 세로토닌은 한 사람의 기분을 조절하거나 세상을 보는 눈을 열어주고 만족과 불만족이라는 정서를 조절합니다.

그렇다면 세로토닌은 구체적으로 무엇을 조절할까요? 바로 도파민 신경망의 약점을 조절합니다. 도파민 신경망은 끊임없는 비교 우위에 집착하게 하고, 상대적인 성취감만을 느끼게 한다는 약점이 있습니다. 과도한 경쟁의식 속에서 스트레스를 가중시키며 정서적 허탈감이라는 후유증도 뒤따르죠. 세로토닌은 도파민이 너무 많이 분비되었을 때 나타나는 내적 스트레스, 과도한 경쟁심을 조절하고, 그 후유증으로 나타는 폭력성, 충동성, 공격성을 조절합니다. 극단적인 기분의 상승과 하강을 조절하여 조증과 자살 충동, 우울증도 예방하죠.

이와 같은 세로토닌의 조절 기능은 행복한 뇌를 만드는 데 반드시 필요합니다. 발달 과정에 있는 아이들은 세로토닌이 충분히 성숙하지 않은 상태인데, 어릴 때부터 발달시킬 수 있도록 도와주는 것이 좋습니다.

세로토닌은 절대적인 양이 늘 부족한 상태로, 음식물을 통한 외적인 공급으로 부족한 양을 채울 수 있습니다. 주로 견과류와 곡류, 그중에서도 호두, 들깨, 검은 참깨, 현미 감자 등에 풍부하며 청국장과 치즈 등 발효식품, 우유, 요구르트 등 유제품 빛 바나나에도 풍부하게 함유되어 있습니다.

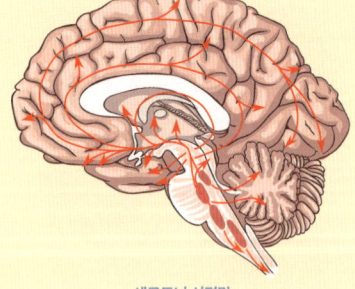

세로토닌 신경망

모든 아이가 갖고 태어나는 창의력

부모들이 염두에 두어야 할 점은 아이들의 내면에는 창조적 본성이 존재한다는 점입니다. 무한한 가능성을 가진 아이들의 선천적인 능력입니다. 그러므로 창의력을 키워주는 특별한 교육이 따로 있다기보다는 타고난 창의력을 억압하지 않고 제대로 펼칠 수 있도록 환경을 마련해주는 것이 더 중요합니다.

스트레스는 창의력을 억제해요

아르키메데스가 '유레카'를 외치던 순간은 왕관이 순금으로 만들어졌는지를 파악하기 위해 책상에서, 저울 앞에서 고민하던 때가 아니었습니다. 고민을 멈추고, 스트레스를 풀기 위해 목욕탕에 들어선 순간이었죠. 누구에게나 이와 비슷한 경험이 한두 번쯤은 있을 겁니다. 어떤 문제에 대해 골똘히 고민하다 잠시 화장실에 갔을 때, 샤워할 때, 멍하니 경치를 보면서 쉬고 있을 때 아이디어가 떠올라 문제를 해결한 경험 말입니다.

창의력은 뇌를 쥐어짜고 혹사시키면 절대 얻을 수 없습니다. 골똘히 고민한다는 것은 뇌의 입장에서 보면 특정한 뇌 신경망을 반복해서 사용하고 있는 상태죠. 풀리지 않는 방법을 계속해서 반복하는 것입니다. 머릿속이 많은 생각들로 가득 차 있을 때보다 오히려 생각할 거리가 없을 때 특정한 생각의 회로에서 벗어납니다. 그리고 다양한 사고를 할 수 있도록 뇌세포와 신경망이 자연스럽게 활성화되죠. 이때 창조적인 아이디어가 번뜩입니다. 창의력은 다양한 생각의 흐름 속에서 나오기 쉽습니다. 여러 방향의 생각들이 만나는 특별한 지점이 바로 창의력이 발화되는 지점이기 때문이죠.

평가와 경쟁은 창의력에 걸림돌이에요

과도한 경쟁이나 평가는 아이의 창의적 활동에 큰 걸림돌이 됩니다. 아이들에게 평가가 있을 것이라는 예고를 하고 그림을 그리게 할 때와 원하는 그림을 자유롭게 그리게 할 때의 결과는 어떻게 다를까요? 평가를 한다는 것은 어떤 기준이 있다는 것이고, 특정한 틀이 있다는 것을 의미합니다. 사고의 틀을 깨는 것이 창의력의 핵심인데, 평가라는 사고의 틀을 강요한다면 창의력이 발휘될 수 없습니다.

과도한 경쟁심 역시 마찬가지입니다. 평가를 통해 등수를 매겨서 상을 주겠다고 하고, "기대가 크다"는 말까지 하면 어떻게 될까요? 아이는 부모의 기대에 따라 1등을 하기 위해선 어떤 그림을 그려야 할지를 고민하지, 자기가 좋아하는 자유로운 흐름에 따라 그리려고 하지 않을 것입니다.

이와 같이 경쟁과 평가는 아이의 자발성을 훼손하고 창의력을 제한합니다. 고도로 숙련된 전문가들은 경쟁과 평가의 환경에서도 창의력을 발휘하여 작품을 만들어낼 수 있겠지만, 우리 아이들은 그런 숙련된 전문가가 아닙니다.

아이를 방해하지 마세요

요약하자면 뇌가 휴식 상태일 때, 긴장감에서 벗어나 편안한 상태일 때가 창의력을 발휘할 수 있는 최적의 상태라고 할 수 있습니다.

그러므로 아이가 자기만의 시간을 갖고 어떤 일에 몰입하고 있을 때 부모가 "무슨 생각을 하니?", "이렇게 해보는 건 어때?" 하고 자꾸 끼어드는 일은 결코 바람직하지 않습니다. 또한 책을 읽거나 그림을 그리고 글을 쓰고 있을 때, 아니면 그저 생각에 잠겨 있을 때 아이를 방해하지 않는 것이 좋습니다.

그 시간이 끝났을 때 아이에게 물어봐도 늦지 않습니다. 물론 아이가 텔레비전이나 비디오를 1시간 이상 멍하니 보고 있다면, 그때는 부모가 개입해 아이와 대화를 하거나 그 시간을 제한하고 다른 활동으로 유도해야 합니다.

아이들의 창의력을 자극하는 길은 아이다운 호기심을 잃지 않게 해주는 것입니다. 그러나 부모들이 학습에 치중해 주입식 교육을 강압적으로 시키는 것은 앎에 대한 호기심의 싹을 잘라버려 창의력의 근원을 없애는 위험한 행동입니다.

따라서 아이가 스스로 원하는 놀이와 활동을 허용해주고, 아이를 방해하지 않는 선에서 부모가 끼어드는 것이 바람직합니다. 부모가 보기에는 의미 없는 돌 쌓기나 낙서라 해도, 아이가 재미를 느끼면 창의력과 관련된 뇌 신경망은 열심히 발달합니다.

> 창의력을 발휘하는 동안 활성화되는 세로토닌, 도파민 신경망은 행복감을 느끼게 하는 물질과 유사해요

> 창의력은 모든 아이가 갖고 태어나는 능력이에요

> 아이가 편안하고 자유롭고 재미를 느낄 때 창의력을 발휘할 수 있어요

> 평가, 경쟁이라는 틀에 아이를 가두지 말고 아이가 좋아하는 놀이나 활동을 시켜주세요

창의력의 바탕에는 주의 집중력이 있어요

우리 아이들이 세상에서 역할을 하고 활동하는 시대는 많은 지식을 기억하는 능력보다는 새로운 지식을 창조하는 능력이 더 중요한 시대입니다. 그러나 하늘 아래 정말 새로운 지식이 있을까요? 사실 새로운 지식은 과거로부터 축적된 방대한 지식들이 새롭게 연결되어 만들어지는 것입니다. 창의력은 무에서 유를 창조하는 것이 아니라 이미 있었던 것들의 조합을 통해서 재발견하는 것이죠. 따라서 무언가를 만들어내기 위해서는 과제에 몰입하는 힘, 즉 주의 집중력이 필요합니다. 주의 집중력은 여러 능력이 모여 완성됩니다. 수많은 정보 중 자신에게 필요한 정보를 파악하고(필터링 능력), 선택하고(분할 주의력), 새롭게 조합하면서(작업 기억 능력), 문제해결을 위해 지속적으로 주의를 모으는(지속 주의력) 능력들이 잘 조화되어 있을 때 일반적으로 '주의력이 좋다'고 합니다.

- 필요한 자극에만 집중하는 능력 (필터링 능력)
- 주의 집중을 지속적으로 유지하는 능력 (지속 주의력)
- 동시다발적으로 주어지는 자극에 주의를 배분하는 능력 (분할 주의력)
- 필요한 활동을 위해 주어진 자극을 정보로 전환해 일정 기간 정보를 유지하는 능력 (작업 기억 능력)

아이가 텔레비전을 볼 때만 집중하나요?

아이가 텔레비전을 보거나 게임을 할 때는 집중을 잘하는데, 책을 읽거나 공부를 할 때는 집중력이 떨어진다며 속상해하는 부모들이 많습니다. 그렇지만 사실 아이들이 게임이나 텔레비전을 볼 때의 집중력은 시각과 청각 자극에 의해 수동적으로 나오는 것으로, 진정한 집중력이라고 할 수 없습니다. 진정한 집중력은 자신이 흥미를 느끼거나 하고 싶은 일, 혹은 중요하다고 생각하는 대상에 마음과 주의를 모으는 힘입니다. 재미있고, 좋아서 능동적으로 몰입하는 것이죠.

주의 집중력은 뇌의 특정 부위가 아니라 뇌 전체의 활동이 유기적으로 이루어져야 본래의 기능을 할 수 있습니다. 그중에서도 전전두엽의 역할이 중요하죠. 전전두엽의 기능은 뇌의 발달 과정에서 가장 극적인 변화를 보이는 곳으로 7세 전후로 급성장합니다. 이후 12~13세 무렵 대대적인 시냅스의 가지치기(31쪽 참조)가 일어나면서 효율적인 구조와 기능을 갖게 됩니다. 아이들의 집중력 또한 바로 이 7~8세와 12~13세 시기에 급속도로 성장합니다.

연령별 주의 집중 시간

연령	시간
생후 12개월	약 1~4분
3세	약 5~7분
4세	약 9~10분
5세	약 10~12분
6세	약 14분
학령기	약 40분
청소년기	2시간 이상

아이마다 주의력 발달 속도가 다를 수 있습니다. 그러나 대개 초등학교 2학년 정도가 되면 40분 정도 집중할 수 있는 능력이 생겨 학교 수업에 적응하는 데 어려움이 없습니다. 그리고 중학생이 되면 2시간 정도, 고등학생이 되면 더 긴 시간 동안 집중할 수 있게 됩니다.

자랄수록 집중의 양은 늘지만 질은 떨어져요

하지만 아이가 오랜 시간 집중할 수 있는 청소년이 된다 해도 집중하는 것은 쉽지 않습니다. 대체로 나이가 어릴수록 집중 시간은 짧지만 집중의 질이 높죠. 왜일까요? 앞서 말했듯이 아이들은 자신의 관심을 끄는 대상에 집중할 때는 놀랍도록 몰입하기 때문이죠. 과거와 미래를 생각하지 않고 오직 현재에만 머무를 수 있으니까요.

유치원생 정도의 아이들에게 '시간과 공간 개념'은 아직 익숙치 않습니다. 시간의 흐름에 대해 제대로 인식하지 못하므로 미래에 대한 불안도 없고, 과거에 대한 아쉬움도 없습니다. 당연히 마음에 잡생각이 없으니 몰입을 잘하게 되죠. 그러나 점점 커가면서 시간 개념이 생기면 미래에 대한 걱정이 생기고, 과거 실수나 잘못을 후회하는 등 여러 걱정과 생각으로 현재에 집중하는 능력을 조금씩 잃어버립니다.

유형에 따른 주의 집중력 향상법

아이들의 주의 집중력을 어떻게 향상시킬 수 있을까요? 먼저 아이마다 다른 주의 집중력 특성을 이해하고, 각 특성에 맞게 자극과 과제를 제시해야 합니다. 특히 7세 이전의 아이들에게는 각자 유형에 맞춘 접근이 필요합니다.

주의 집중력은 정보 유지력(입력된 정보를 기억하는 능력), 정보 파악력(새로운 정보를 이해하는 능력), 새로운 자극을 찾는 성향(지루함을 못 견디는 성향), 위험을 피하려는 성향(불안이 높아 안정을 추구하는 성향)에 따라 세 가지 유형을 나눌 수 있습니다. 정보 유지력과 정보 파악력은 인지적 특성에 해당하고, 새로운 자극과 위험한 자극을 찾거나 피하는 성향은 정서적 특성에 해당합니다. 우리 아이가 어떤 유형에 속하는지 살펴보시고, 유형에 따른 대처법으로 주의 집중력을 향상시켜주시길 바랍니다.

CASE 1 정보 유지력·정보 파악력·위험 회피가 높은 유형

성향 및 장점 전체 아이들 중 50~60퍼센트가 여기 해당합니다. 인지 발달이 빠르고 정서가 안정적이며, 타고난 주의력도 좋은 편입니다. 정보 유지 능력이 높고, 새로운 정보를 이해하는 능력도 높습니다. 가르쳐준 대로 잘 배웁니다. 위험한 일은 잘 하지 않으려 하고, 부모와 선생님 말을 잘 듣습니다. 모험을 하거나 새로운 자극을 찾아 나서는 일이 별로 없습니다. 말하자면 순하고, 모난 행동을 하지 않죠. 부모와 교사들이 좋아하는 스타일의 아이들로 가르치고 돌보기가 편하죠. 남자아이보다는 여자아이들이 더 많이 해당됩니다.

단점 불안 성향이 높습니다. 불필요하게 겁이 많아서 모험을 피하기 때문에 자기가 해본 것만 하려는 경향이 있죠. 새로운 것을 할 때는 주저하며 적응 시간이 오래 걸리고, 잘할 가능성이 높은데도 하지 않으려고 합니다. 자연히 걱정이 많고, 창의력 등 자신이 가진 능력을 발휘할 때 제약이 따릅니다.

주의력·학습 향상법 익숙하고 편안한 환경을 만들어주는 것이 중요합니다. 그리고 새로운 것을 할 때까지 시간이 오래 걸리므로, 부모와 선생님은 아이를 기다려줄 줄 알아야 합니다. 이 유형의 단점인 불안 성향은 기질적(유전적)으로 타고나는 것도 있지만 부모, 특히 엄마의 불안 행동 특성을 모방하면서 강화되는 경우가 많습니다. 부모는 좀 더 적극적으로 아이가 활동할 수 있도록 동기를 부여해주고, 모험을 시도하도록 격려하는 것이 좋습니다. 이 유형의 아이에게는 아빠와의 시간이 도움이 많이 됩니다. 아빠와 친해져 적극적인 지지를 받으면 불안 성향이 줄고, 사회성이 더 나아지면서 여러 면에서 뛰어난 아이로 성장할 가능성이 높아집니다.

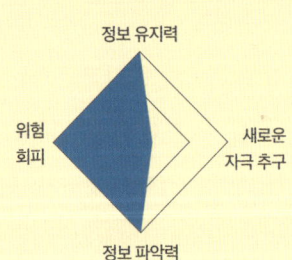

☐ **CASE 2** 정보 파악력이 낮고,
정보 유지력·위험 회피가 높은 유형

성향 및 장점   전체 아이들 중 20~30퍼센트가 해당하며 선생님·부모·친구에 대한 충성심이 높고, 자기에게 주어진 일을 정확하게 처리합니다. 새로운 것을 받아들이는 능력이 조금 떨어지지만, 일단 받아들인 정보는 반복해서 연습하고 익혀서 완전히 자기 것으로 만듭니다. 수업 진도는 좀 늦게 따라갈 수 있으나 한 번 배운 것은 확실히 압니다.

단점   집착과 고집이 있고, 불안 성향도 높은 편입니다. 자신의 틀을 깨지 못하고 한 가지 문제 해결 방법만 고집하죠. 위험에 대해서도 과하게 대비하는 모습을 보입니다.

주의력·학습 향상법   불안감을 줄일 수 있도록 안심시켜주고, 환경 변화(전학, 이사 등)가 있을 때는 차분하게 상황을 반복적으로 설명해주고 적응 기간을 충분히 주세요. 이 유형의 아이는 자신을 드러내는 것을 자신 없어 하기에 위축되기 쉽고, 종종 주변에서 아이를 과소평가하는 경향이 있습니다. 그렇기 때문에 사회적으로 좀 고립되어 친구 관계가 부족한 경향이 있습니다. 이를 막기 위해서 아이의 불안을 줄이고 환경을 일정하게 해주며, 스트레스를 조절하는 연습을 하게 해서 편안감을 주는 것이 주의력과 학습 증진에 매우 효과적입니다.

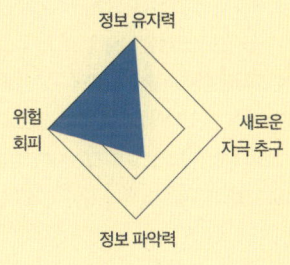

CASE 3 정보 파악력은 높지만 정보 유지력이 낮고 새로운 자극을 추구하는 유형

성향 및 장점 전체 아이들 중 10~15퍼센트가 속하는 유형으로, 새로운 분야에 관심이 많고 도전적이며 적극적이고 매우 활동적입니다. 그러나 문제는 이 성향이 조금 지나치면 주의력 결핍증과 충동성으로 보일 가능성도 있습니다. 다소 위험해 보이는 모험도 당차게 도전하고, 성공하면 누구도 받기 힘든 찬사와 보상을 받기도 합니다. 새로운 내용에 대한 학습에는 호기심이 있지만, 과거에 배운 내용을 복습하는 것을 지루해하며 잘 하려고 하지 않아 "똑똑하기는 한데 성적은 좋지 못하다"는 평을 많이 받습니다. 이해력이 좋아서 매우 빠르게 학습하지만 시간이 지나면 축적된 것이 별로 없고 좋아하는 분야에만 지식을 갖게 되는 특징이 있습니다.

이 유형의 가장 큰 장점은 창의력이 뛰어나다는 것입니다. 기발한 생각을 많이 하고 좋은 아이디어를 많이 냅니다. 또 주변 사람들이 재미있어하죠. 친구들에게 인기가 많지만 돌출 행동으로 인해 그만큼 꺼리는 아이도 생깁니다.

단점 용감해 보이지만 다소 무모할 때가 많고 다치는 일도 잦습니다. 충동적이며 말썽꾸러기라는 소리를 듣기도 하죠. 권위적인 어른들과 자주 부딪히고, 반항적으로 행동할 때가 많아 부모·선생님과 불화가 생기기 쉽습니다. 어릴 때 손이 많이 가고 다른 유형에 비해서 양육에 시간과 에너지가 많이 듭니다. 부모와 교사들이 힘들어하는 유형입니다.

주의력·학습 향상법 이 유형의 아이에게 주의 집중력을 길러주기 위해서는 불필요한 자극에 너무 많은 시간을 빼앗기지 않도록 주변을 정리해주는 것이 가장 좋습니다. 특히 시각적 자극이 문제가 되므로 책상과 방을 간결하게 정리해주세요. 또 아이와 함께 하루 계획표를 작성하고, 아이가 시간과 일정 관리를 할 수 있게 도와주어야 합니다.

부모님은 아이의 행동을 지적하고 혼내기보다 아이가 가진 장점에 집중하세요. 이 유형은 창의력, 모험심, 실행력이 모두 뛰어나므로 자극과 시간 관리 그리고 동기부여만 되면 굉장한 몰입 능력과 활동성을 보일 수 있습니다. 높은 성취를 이루고 나중에 성장해서도 크게 성공할 가능성도 있습니다. 부모로부터 이런 기대를 받고 자라면 자존감도 높아질 수 있습니다.

아이들이 특정한 한 가지 유형만을 보이는 경우보다는 여러 유형이 섞여 있는 경우가 많습니다. 아이를 꾸준히 관찰하고 이해하려고 노력하세요. 그러다 보면 아이에게서 우세한 특정 유형을 발견할 수 있습니다. 그 우세한 유형에 맞는 도움을 주면 주의력 증진과 학습 능력 향상이 꾸준히 이루어지게 됩니다.

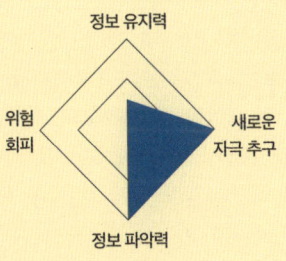

Tip

주의 집중력을
키워주는 방법

앞서 설명한 주의 집중력 유형에는 각각 장단점이 있을 뿐, 절대적으로 어떤 유형이 좋거나 나쁜 것이 아니라는 것을 기억하세요. 중요한 것은 아이의 특성을 바탕으로 주의 집중력을 높이는 방법을 찾는 것입니다. 아이가 어떤 유형이든 주의 집중력을 높이는 기본은 정서적 안정입니다. 좀 더 구체적인 주의력 향상에는 다음과 같은 방법이 도움이 됩니다. 가능하면 일주일에 한 번 이상 실천해주세요.

눈을 보며 대화하세요

평소 얼마나 자주 아이의 눈을 바라보며 이야기하고 있는지 생각해보세요. 아이의 말에 청소하면서, 설거지하면서, 스마트폰이나 텔레비전을 들여다보면서 대충 대답해주고 있지 않나요? 함께 눈을 보고 대화를 하는 것은 '지금 이 순간'에 몰입하는 데 대단히 효과적인 방법입니다. 이때 부드럽게 웃어주면 더욱 좋습니다. 아이를 혼내거나 부모의 생각을 강요하지 말고 아이의 얘기를 눈을 바라보면서 들어주세요.

복식호흡을 통해 정서적 안정감을 길러주세요

복식호흡은 그 자체로 집중과 안정감을 길러주는 매우 좋은 방법입니다. 바쁜 일상을 살다 보면 호흡이 얕아지고 빨라집니다. 얕고 빠른 호흡은 스트레스에 취약하고 정서를 불안하게 만들지만, 깊고 고른 복식호흡은 세로토닌 신경망(172쪽 참조)을 강화시켜 우리 정서를 안정시키죠. 자신의 배꼽 위에 한쪽 손을 얹고 천천히 부드럽게 호흡하며 배의 오르내림을 느껴보세요. 숨을 들이마시면서 배를 내밀고, 내쉬면서 배를 꺼뜨려보세요. 단, 숨을 들이마시고 내쉬는 속도나 양을 억지로 조절하지 마세요. 복식호흡은 자연스럽게 하는 것이 중요합니다.
아이가 잘 따라하면 눈을 감고 5분 정도 시키세요. 점차 시간을 늘려가면 좋지만 10분 이상은 하지 않는 것이 바람직합니다. 차분하게 집중하는 연습에는 복식호흡이 최고입니다.

상상력은 창의력에 날개를 달아줘요

불과 몇 십년 전만 해도 들고 다니는 전화기는 아이들의 그림 속에서나 볼 수 있었죠. 무인자동차는 어떻습니까? 앞으로 10년 뒤면 사용화된다고 하죠. 세상에 없던 물건이 실제 현실에서 활용될 수 있었던 것은 바로 상상력 덕분입니다. 상상력이 앞서가면 이를 실현시키기 위한 창의력이 뒤따릅니다. 우리가 꿈꾸는 것은 상상력과 창의력을 통해 현실이 되죠.

상상력은 우리 뇌의 구조도 바꿀 수 있어요

1990년대에 피아노를 전혀 배운 적이 없는 두 집단을 대상으로 한 피아노 연주 훈련 실험 연구가 있었습니다. 한 집단은 하루 2시간씩 5일 동안 피아노 건반 앞에 앉아 특정한 멜로디를 연주하는 상상을 하면서 피아노 연주를 들었고, 다른 집단은 하루 2시간씩 직접 피아노를 치면서 멜로디를 연습했습니다. 실험 결과 두 그룹의 뇌에서는 비슷한 변화가 나타났습니다. 실제 건반을 두드리는 훈련과 상상을 통한 훈련 모두 신경망 시냅스의 효율을 높이거나 시냅스의 수를 증가시켜 뇌 회로의 변화를 가져온 것입니다. 이 결과는 상상만으로도 뇌의 기질적 변화를 만들어낼 수 있다는 직접적인 증거를 제시해주었습니다.

아이들은 상상력을 발휘할 때 오감을 모두 동원합니다. 아이들이 꿈꾸는 상상력의 산물을 자세하게 들여다보면 거기에는 모양과 색깔이 있고(시각), 소리가 나며(청각), 특유의 향과(후각), 특별한 맛이 나고(미각), 부드럽거나 까칠까칠하다고 합니다(촉각). 그만큼 아이들은 상상을 할 때 뇌 전체를 활용합니다.

아이의 상상 세계를 인정해주세요

상상력은 경험하지 않은 일이나 현상, 사물을 마음속으로 떠올리는 힘입니다. 무한한 상상력을 지닌 아이들은 끝없는 상상을 통해 즐거운 놀이를 생산해내고, 미래를 설계하며 현실의 어려움을 극복해나가죠. 말하기나 셈하기 같은 능력보다 중요한 인지 능력인 상상력이야말로 창의력의 원천이고 세상을 바꾸는 힘입니다.

아이가 만들어낸 상상 속 인물도 존중해주세요. 아이는 의식적·무의식적 필요에 의해 상상의 인물을 만들어냅니다. 그 마음을 이해하려고 노력하면서, 아이가 꿈꾸는 상상의 세계를 그대로 받아들여주는 것이 좋습니다. 무시하는 말로 아이에게 모욕감을 주는 일은 금물입니다. 상상력이란 단순히 헛된 것이라는 편견을 버릴 때, 아이의 상상력은 창의력으로 연결될 수 있습니다.

상상력을 키우고 싶다면 놀게 해주세요

노는 시간이 곧 상상력을 키우는 시간이에요. 아이가 18개월쯤부터 시작하는 모방을 통한 놀이와 30개월 경부터 본격적으로 시작하는 이야기가 있는 상상 놀이는 상상력을 점화시키는 역할을 합니다. 아직 사회적 또래 활동이 적은 4살 무렵 활발하게 하는 병원 놀이, 가족 역할 놀이, 유치원 역할 놀이들은 아이에게 사회적 관계를 상상 속에서 구현해내고 적응하는 연습을 도와줄 수 있습니다.

평소 아이가 황당한 이야기를 하더라도 마음을 열고 들어주세요. 또 아이에게 "배고파?", "뭐 먹고 싶어?"라는 일상적인 질문도 좋지만 만약 "피터팬이 너에게 날아온다면 함께 무슨 놀이를 하고 싶어?", "놀부가 착해지고 싶다고 말하면 어떻게 도와줄까?" 등 상상력을 자극하는 질문을 던지세요. 부모가 15분만이라도 아이와 상상 이야기 놀이를 함께 하면 아이와 부모는 한결 가까워질 수 있습니다.

상상력으로
감정을 다스리게
해주세요

아이는 초등학생 때까지 감정을 언어적으로 표현하는 데 어른만큼 익숙하지 않습니다. 특히 분노, 억울함, 슬픔 등 부정적인 감정을 말로 표현하는 것은 힘든 일이죠. 그러나 상상력을 동원하면 감정을 언어로 표현하는 훈련도 가능합니다.

예를 들어 공부를 하면서 힘들었던 마음을 표현해보도록 하세요. 눈을 감은 상태에서 공부할 때 들었던 느낌을 떠올리게 해보세요. 이때 어린 아이들은 감정의 상징물을 떠올리는 경우가 많습니다. 예를 들면 화가 났을 때 '뜨거운 불'을 떠올릴 수 있겠죠. 그러면 부모님은 그 상징(뜨거운 불)의 모양, 색깔, 감촉, 냄새, 맛, 이름 등을 가능한 범위 내에서 말할 수 있게 합니다. 그리고 상징(뜨거운 불)의 표정이 어떤지, 말투가 어떤지 표현하게 하고, 어떻게 하면 그 '뜨거운 불'을 달랠 수 있는지 아이와 함께 이야기해보는 겁니다. 이런 감정 표현 연습은 아이의 정서 발달은 물론 언어 발달과 자신감을 갖는 데 큰 도움을 줍니다. 또한 자신이 힘든 점을 부모가 이해해준다는 데에 만족감을 느끼고 안심하기도 하죠. 상상을 통해 아이가 느끼는 막연한 불안감이나 초조함을 해결할 수도 있습니다. 예를 들어 아이가 새로운 학년을 시작하거나 새로운 학교에 들어갈 때 불안감을 줄이고 새로운 환경에 잘 적응할 수 있도록 상상력을 활용해보세요. 일단 아이와 함께 '꿈속의 학교' 혹은 '꿈속의 교실'에 대해 이야기하는 시간을 가져봅니다. "학교에 가면 기분이 어떨 거 같아? 책상은 어디에 놓여 있을까? 선생님은 어떤 분일 것 같아?" 등의 질문으로 아이가 학교에 대한 기대와 두려움을 표현할 환경을 만들어보세요. 함께 상상하며 이야기를 나누다 보면 막연한 두려움이 줄어들고, 학교생활의 어려움도 재미있는 이야기가 되어 아이 마음이 편안해집니다.

행복감과 만족감을 높이는 '행복 상상법'

아이들의 행복감과 만족감을 높이기 위해 상상력을 활용하는 경우도 있습니다. 이런 상상을 '행복 상상법'이라고 하죠. 아이들이 좋아하는 대표적인 행복 상상법에는 '무지개', '마술 정원', '치유의 샘' 같은 상상의 산물이 자주 등장하곤 합니다. 다음은 실제 제가 놀이치료를 했던 아이와 함께한 행복 상상 유도법의 예시입니다.

"○○야, 눈을 감고 호흡을 천천히 해보자. 마음속에 있는 짜증이나 힘든 것을 숨을 내쉬어 몸 밖으로 내보내봐. 그리고 숨을 내쉴 때 무지개 색 풍선을 크게 불어보자. 이제 그 풍선을 높이 날려보렴. 머리 위로 멀리멀리 말이야. 풍선이 높이 날아가 무지개 위에 앉아 있구나.

이제 네 주변은 꽃향기로 가득하네. 무지개 색 꽃밭도 펼쳐져 있어. 이곳은 너만을 위한 정원이야. 네가 원하는 것은 무엇이든 심을 수 있어. 평화도 심을 수 있고, 편안한 마음도, 행복과 기쁨도 심을 수 있어. 이 꽃밭은 행복한 마음이 무럭무럭 자라는 꽃밭이야. 네 마음속에 활짝 피어 있어. 이 정원의 꽃들을 잘 돌봐주길 바라. 그러면 곧 너에게 마술 같은 시간이 올 거야.

정원 저쪽에는 아름다운 연못이 있어. 연못으로 가보자. 연못 속으로 천천히 들어가보자. 물의 온도는 아주 적당하네. 연못 주변에는 아름다운 바위가 있고, 바위에는 부드러운 이끼가 두텁게 끼어 있어서 머리를 대고 누워도 편안하단다. 여기 천천히 누워보렴. 몸을 씻고 마음을 씻어서 너를 낫게 해주자. 이 연못의 이름은 '치유의 샘'이야. 너의 슬픔과 상처들이 모두 사라질 거야."

상상력으로 학습 효과를 높일 수 있어요

초등학교 저학년 때까지 상상으로 할 수 있는 일은 무궁무진합니다. 학습에 어려움을 겪는 아이에게, 숙제나 공부를 하기 전에 공부에 방해되는 불안감 등의 부정적 생각을 씻어내는 상상을 하게 해보세요. 예를 들어 하얀 비누 거품으로 나쁜 생각의 먼지와 때를 깨끗이 닦아내고, 기분이 좋아져서 공부가 쉬워졌다는 상상을 하게 합니다. 시작이 어려운 아이들에게는 숙제나 공부를 끝냈을 때 기분 좋은 만족감과 이어지는 즐거운 놀이 시간을 미리 상상해보게 하는 것도 도움이 됩니다.

Tip

상상력을 키우는
가장 좋은 방법, 독서

책에는 아이들의 상상력을 키우는 위력이 있습니다. 상상력은 뇌의 전전두엽에서 나오는데, 책을 읽을 때 이 전전두엽을 많이 사용하게 돼 발달합니다. 또한 책에서는 가보지 못한 장소와 시대를 자유롭게 넘나들고 과거와 미래의 인물들을 만나며 상상의 여행을 할 수 있습니다. 이것만으로도 아이의 상상력은 성장할 수 있습니다.

그렇다면 책 읽기의 세계로 안내하는 가장 좋은 방법은 무엇일까요? 집에 조용한 서재를 만들고, 많은 책을 사서 꽂아주고, 아이에게 책을 한 권 읽을 때마다 칭찬을 하고 상을 주는 것이 좋은 방법일까요? 아주 틀린 것은 아니지만 그런 환경적 준비만 한다고 아이들이 책을 읽는 것은 아닙니다. 다음과 같이 해보세요.

먼저 부모가 책을 읽는 모습을 보여주세요

책의 세계로 안내하는 첫 번째 방법은 부모가 책을 읽는 것입니다. 그렇다고 아이에게 보여주기 위해서 읽지는 말아야 합니다. 책을 읽으며 아이를 가르치려 들지도 마세요. 말없이 조용히 책에 몰두하면서 미소를 띠고 재미있거나 좋은 내용을 아이에게 알기 쉽고 간단하게 들려주는 것만으로도 충분합니다. 그런 환경만으로도 아이는 책에 관심을 갖게 되고 부모와 함께 하고 싶어 합니다.

아이가 심심해질 틈을 주세요

요즘 부모들은 아무것도 하지 않고 뒹구는 아이를 보면 시간을 낭비한다고 답답해하곤 합니다. 무언가 재미있는 놀이나 교육을 통해 자극을 줘야 아이들의 두뇌가 발달한다는 생각을 하기 때문입니다. 그래서 각종 문화 행사나 체험을 열심히 따라다닙니다. 하지만 아이들은 무료하고 심심해야 책을 읽습니다. 재미있는 놀이, 자극적인 활동을 하면 책이라는 매체가 주는 장점을 느낄 틈이 없습니다. 심심할 때 뒤적여본 책에서 재미와 의미를 발견할 기회를 주는 환경을 마련해주세요.

아이가 관심 있어하면 만화책도 읽히세요.
만화책도 책의 세계에 발을 들이는 데 효과적입니다. 만화는 그 자체가 상상력을 손에 잡힐 듯이 구체적으로 표현한 것으로, 아이들이 책의 세계에 입문하는 데 많은 도움을 줍니다. 인물의 얼굴, 행동, 배경 등이 그림으로 묘사되어 있어 글자만으로 상상하기 힘든 부분을 구체적으로 떠올릴 수 있게 도와줍니다. 또한 흥미진진한 이야기 전개가 감동을 줍니다. 아이와 터놓고 대화를 나눌 소재가 되기도 합니다. 저 같은 경우에는 세계 여러 나라의 특징과 역사를 다룬 책들을 읽으면서 아이들과 함께 자연스럽게 책에 나온 나라의 역사와 인물, 여행지에 대해 흥미롭게 대화를 나눌 수 있었습니다. 만화책에 대한 선입관을 버리고 아이와 함께 좋은 만화책을 골라보면 꽤 행복한 시간을 보낼 수 있습니다. 만화를 통해 얻은 흥미와 재미로 더 다양한 독서의 세계로 나가는 아이들도 많습니다.

책에서 읽은 내용을 가지고 함께 토론하세요
밥을 먹을 때, 잠자리에 들 때, 편히 뒹굴 때 책에서 읽은 내용을 주제로 이야기해보세요. 책의 주인공과 주변 인물에 대한 생각을 이야기해보고, 주인공이 한 일에 대해 '나라면 어떻게 했을지' 등 다양한 각도에서 생각해보는 것도 좋습니다. 대화를 나누다 보면 아이의 상상력이 향상되고, 기존의 지식과 상상력이 결합돼 새로운 이야기로 재탄생하는 효과도 있습니다.

독후감은 쓰게 하지 마세요
많은 엄마들이 아이에게 책을 읽힌 뒤 독후감이나 독서록을 쓰게 합니다. 하지만 책을 읽은 후 내용을 요약하거나 느낀 점을 정리하는 것은 아이들에게 또 다른 부담을 줍니다. 그러다 보면 책 읽기는 재미있는 활동이 아닌 부담스러운 숙제가 될 뿐이죠. 독후 활동에 집착하지 마세요.

> 상상력으로
> 공부에 방해되는 생각을
> 씻어내 학습 능력을
> 키울 수 있어요

> 아이의 상상력을
> 키우고 싶다면
> 많이 놀게 해주세요

> 독서는 아이의
> 상상력을 키워주는
> 가장 좋은
> 방법이에요

> 분노, 슬픔, 불안감도
> 상상력으로
> 다스릴 수 있어요

부모가 키워주는 정서 지능

'정서를 이성적으로 처리하는 능력'을 의미하는 정서 지능(Emotional Intelligence, EI)은 지능지수(IQ)와 대조되는 개념으로 EQ (Emotional Quotient)로 더 알려져 있습니다. 1990년 미국 예일대학교 심리학 교수인 피터 샐로비(Peter Salovey)와 뉴햄프셔대학교 교수 존 메이어(John D. Mayer)에 의해 처음으로 정의되었죠.

쉽게 말하면 정서 지능은 다른 사람의 감정을 이해하는 능력과 자신의 삶을 풍요롭게 하는 방향으로 감정을 조절하는 능력입니다. 정서 지능이 왜 중요할까요? 지능지수처럼 정형화된 검사 방식이 없는 정서 지능에는 측정하기 힘든 무한한 힘이 있습니다. 또한 스스로 자신의 가치를 인정하는 '자존감', 옳고 그름을 판단하는 '도덕성', 타인의 감정을 이해하는 '공감력', 타인과 쉽게 어울리는 '사회성' 등 이 모든 능력의 중심에 정서 지능이 있습니다.

인생을 살아가는 힘, 자존감

"어떤 사람도 당신의 동의 없이 당신에게 열등감을 느끼게 할 수 없다." 프랭클린 루즈벨트 미국 전 대통령의 아내인 엘리노어 루즈벨트의 명언입니다. 이 문장을 읽다 보면 자존감의 기본이 무엇인지 잘 알 수 있습니다. 자존감이란 '스스로 자기 자신을 존중하는 마음'이죠.

이 자존감은 아이의 인생을 행복하게 하는 중요한 요소임에 틀림없습니다. '나는 소중한 사람이다'라고 생각하는 자존감이 높은 아이들은 다른 사람의 눈치를 보는 대신 스스로 결정하고, 더 잘하고 싶고 더 좋은 사람이 되고 싶은 의지를 갖고, 어려움이 닥쳐도 낙관적인 믿음과 이성적인 판단으로 문제를 해결하려고 노력합니다. 또한 자신을 소중히 여기는 만큼 다른 사람 역시 소중한 존재로 존중해 배려합니다. 약한 사람을 괴롭히지 않고, 친구와 갈등이 생겼을 때도 폭력보다는 대화로 해결하며 주위 사람들과 좋은 관계를 유지합니다.

자존감이 높은 아이일수록 행복해요

자존감이 높은 아이는 행복합니다. 왜 그럴까요? 자존감을 심리학적으로 설명하면 '자신의 가치를 인정하고 사랑하는 마음'이라고 할 수 있습니다. 스스로를 소중하게 생각하는 아이는 어떤 이유가 있어도 자기 자신을 망가뜨리는 행동을 하지 않습니다. 잘했을 때나 못했을 때나 자신을 소중히 여기므로 자기 혐오에 빠지지 않습니다. 오히려 실수를 하거나 잘못을 저질렀을 때 다른 핑계를 대기보다 자신의 부족한 점을 쉽게 인정하고, 더 나아지고 싶다는 성장 욕구를 가지고 노력합니다. 그러다 보니 살면서 겪는 다양한 문제와 난관을 성장을 위한 자극으로 보고 긍정적으로 해결하는 거죠.

반대로 자존감이 낮은 아이는 성취를 해도 스스로에 대해 만족을 느끼지 못하기 때문에 진정한 행복을 경험하지 못합니다. 자존감이 낮은 아이는 '나는 아무것도 아니야', '나는 제대로 하는 게 아무것도 없어',

'나는 노력해도 안될 거야'라는 생각이 좀 더 지배적입니다. 마음이 위축되고 조금만 어려운 과제가 주어져도 '내가 뭘 하겠어'라는 생각으로 포기하기 쉽습니다. 그러다 보면 정말 자신이 원하는 것을 찾지 못하고, 하고 싶은 일도 끝까지 해내지 못하죠. 또한 스스로를 존중하지 않기 때문에 타인에게 존중받지 못하고 타인도 존중하지 못하는 경우가 많습니다. 어떤 아이들은 낮은 자존감을 보상받기 위해 자기보다 약한 친구를 괴롭히는 모습을 보이기도 하고요.

자존감과 자존심은 달라요

'자존감이 높은 아이로 키워야 한다'고 하면 부모들은 아이가 하고 싶은 대로 아이의 요구를 무조건 들어주고 함부로 야단치지 말아야 한다고 생각합니다. 그러나 이것은 자존감과 자존심을 구분하지 못하는 데서 나오는 오해라고 할 수 있습니다. 자존감과 자존심은 다릅니다. <mark>'자존심'은 '남과 비교해서 우위에 서려는 마음'이고 '자존감'은 '자기 자신을 존중하는 마음'이죠. 자존심에는 비교 대상이 있지만 자존감에는 비교 대상이 없습니다.</mark> 그렇기에 자존심이 강한 아이는 비교 대상이 자신보다 조금이라도 뛰어나면 열등감을 느낍니다. 늘 주위 사람과 스스로를 비교하고 자기보다 뒤떨어지는 상대는 무시합니다. 실패를 대할 때도 자존심이 강한 아이는 다른 사람을 탓하거나 자신을 과소평가해 우울감에 빠집니다. 자존감이 높은 아이는 실패했다고 해서 자신을 낮추지 않으며, 더욱 노력해 실수를 만회하려고 합니다.

자존감이 높은 아이들을 연구한 정신의학적 연구들을 종합해보면 다음과 같은 특징을 발견할 수 있습니다. 당당하게 자신의 의사를 표현하고, 약한 친구를 배려하고, 스스로 원하는 것을 찾아 목표를 세우고, 잘못을 했을 때 그 잘못을 쉽게 인정하고, 긍정적으로 문제를 해결한다는 것입니다. 어떠세요? 우리 아이를 자존심이 강한 아이보다는 자존감이 높은 아이로 키우고 싶지 않으세요?

자존감, 뇌의 경험이 쌓여 만들어집니다

자존감의 토대가 되는 것은 자신과 타인을 구분할 수 있는 자아 개념입니다. 신생아 때는 자신의 존재를 인식하지 못하고, 엄마와 자신을 동일시하죠. 그러다가 18개월 무렵부터 점차적으로 엄마와 명료하게 분리-개별화되기 시작하고 36개월 경이 되면 분명한 자아 개념을 갖게 됩니다. 그리고 48개월 경에는 자신 이외에 가족 구성원 간의 관계와 위계 등을 이해하게 되죠. 이렇게 자아 개념이 점차 관계 개념으로 확장되면서 자기중심적 사고에서 벗어나 타인과의 관계 속에서 타인의 감정을 이해하는 능력이 생깁니다.

자아 개념보다 조금 더 늦게 발달하는 것이 '자아상'입니다. 자아상은 '스스로 자신의 역할이나 존재에 가지는 생각'으로 부모와의 상호작용을 통해 형성됩니다. 이 자아상은 개인차가 있지만 일반적으로 초등학교 입학 전에 형성되기 시작합니다. 부모가 자신의 행동을 칭찬하고, 꾸중하고, 상과 벌을 주는 과정이 반복되면서 좋은 행동과 나쁜 행동의 기준을 갖게 되고, 그 기준을 통해서 자아상을 결정하는 것이죠. 칭찬받고, 상을 받는 경험이 많이 쌓일수록 우리 뇌는 자신에 대해 긍정적인 판단을 내립니다. 이 긍정적인 판단이 가족 관계, 교사와 친구 관계 등으로 확장되면서 자존감을 키우는 밑바탕이 됩니다.

아이에게 긍정적인 자아상을 심어주고 싶다면 다양한 경험을 통해 반복적인 성취감을 느낄 수 있도록 도와주면 좋습니다. 스스로 주도적으로 움직이고 노력해서 얻은 성취감은 아이에게 '나도 잘 하는 게 있구나' 하는 느낌, 즉 효능감을 심어줍니다. 아이는 이 효능감을 바탕으로 새로운 일에 포기하지 않고 도전하는 용기를 얻죠.

아이가 이렇게 성취감을 느끼는 순간, 아이의 뇌에서는 도파민(171쪽 참조) 신경망이 활성화됩니다. 도파민은 기본적으로 흥분성이므로, 뇌 신경회로에 활력을 불어넣죠. 또한 의욕적으로 행동하려는 동기를 불러일으키고, 목표를 정해 지속적으로 노력하도록 도우며, 힘든 과정을 견뎌낸 후에 얻는 성취의 짜릿한 기쁨을 느끼게 하는 등 몰입의 즐거움을 알게 해주죠.

1단계 부모의 칭찬과 작은 성취로 도파민 신경회로가 활성화됩니다.
2단계 더 어려운 과제에도 도전하고 싶은 욕구와 끈기가 생깁니다.
3단계 스스로 노력해 보다 큰 성취를 얻습니다.
4단계 신경회로가 더 크게 활성화됩니다.

이 네 단계의 선순환 과정이 뇌의 장기 기억으로 축적되고 저장되면서 우리 아이의 뇌는 '난 꽤 괜찮은 사람이구나'라는 긍정적인 자아상을 느낍니다. 그리고 타인과 비교하지 않으며 어려운 과제에도 도전하는 높은 자존감을 지닌 존재로 스스로를 만들어가게 됩니다.

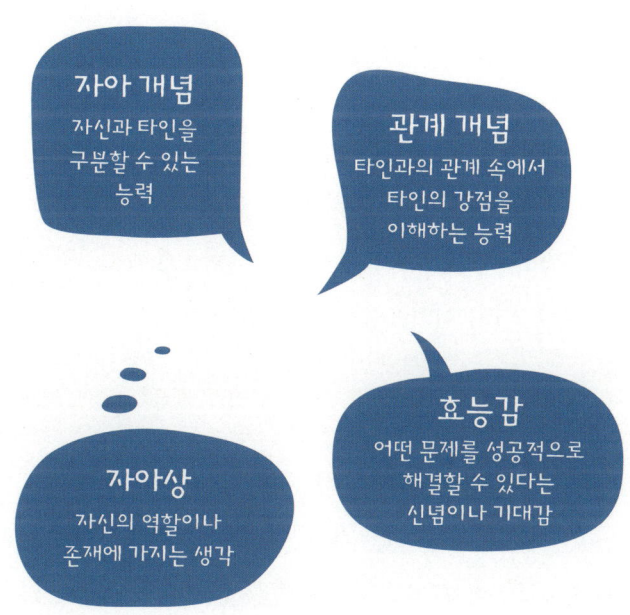

부모가 아이의 자존감을 키워요

다시 한 번 강조하지만 아이들의 자존감은 스스로 경험하고 깨닫는 과정에서 자랍니다. 경험을 통해 배우고, 경험을 통해 성장하기 때문입니다. 그럼 부모는 어떤 도움을 줄 수 있을까요?

결과보다 과정을, 큰 성공보다 작은 성공을 경험하게 하세요
아이들이 자존감을 키우기 위해서는 작은 성공 경험을 많이 하는 것이 좋습니다. 성공이 꼭 거창한 성취에만 붙는 것은 아닙니다. 일상생활에서 목표를 세우고 노력해 원하는 결과를 얻는다면, 무엇이든지 성공이라 할 수 있습니다. 5분도 앉아서 놀이를 못하던 아이가 10분 동안 집중해 엄마와 놀게 된 것, 그동안 완성하지 못했던 블록을 여러 번의 시도 끝에 완성한 것, 놀이터의 구름 사다리를 한 칸도 이동하지 못하

던 아이가 두 칸을 이동한 것. 이 모든 것이 성공입니다. 이렇게 작은 것에서부터 성공 경험을 많이 쌓고 인정을 받을 수 있게 하려면 너무 높은 목표보다는 아이 수준에 맞는 목표를 세워 주는 것이 좋습니다. 그리고 결과보다 노력하는 과정에 초점을 맞춰 격려해주세요. 예를 들어 아이가 열심히 글자를 썼는데 삐뚤빼뚤 썼다고 지적하면 아이는 위축될 수밖에 없습니다. 혼자 열심히 써낸 것을 칭찬해주고, 다음에는 그 글자 중 1개를 선택해서 조금 더 균형 있게 쓸 수 있도록 가르치고 격려해주는 등 더 좋아질 수 있는 방법을 알려주는 것만으로 충분합니다.

아이의 '노(No)'를 받아주세요

아이가 "싫다"고 하는 것을 잘 받아들이는 부모는 드뭅니다. "어디 엄마한테 싫다고 말해?"라고 꾸중하거나 "네가 잘 몰라서 그래. 엄마 말을 따르는 게 좋아"라고 억지로 설득하게 되죠. ==‘싫다’고 말하는 것은 자아가 생긴 것이고, 자신의 뜻과 의견이 생기는 자연스러운 발달 과정입니다. 아이가 건강하게 자아상을 발달시키고 있다는 증거이기도 하고요.== 무작정 "엄마가 시키는 대로 해"라고 아이를 윽박지르는 대신 자신만의 논리로 원하는 것을 표현할 만큼 자랐다고 인정하고 아이의 성장을 기쁘게 받아들여주세요.

아이의 자율성을 길러주세요

앞서 성공 경험을 통해 자존감이 발달한다고 했는데요. 이 경험에서 중요한 것은 엄마의 의도가 아니라 아이가 하고 싶은 일을 정해 목표를 세워야 한다는 점입니다. 엄마의 지시를 받고 원치 않는 것을 할 때 아이는 성취감 대신 무기력과 불만, 반항심을 키웁니다. 무언가 잘해내고 싶은 의욕이나 스스로에 대한 성취감을 느낄 수 없죠. 오히려 자신이 아닌 부모를 위해서 하는 일이라고 생각하고, 보상을 받기 위한 수단으로 여기게 됩니다.

이런 상황이 반복되면, 아이는 자기가 좋아하는 것보다 다른 사람의 시선이나 인정이 더 중요하다는 생각을 하기 쉬워집니다. 아이를 가르쳐야 할 대상으로 인식해 아이의 판단이나 의사를 존중하지 않고 먼저 경험해봤다는 이유로 아이의 선택을 무시하거나 부모가 원하는 길로 끌고 오지 마세요. 아이는 어리고 미숙하지만 자신의 생각, 자아가 있는 사람입니다. 성공 경험을 통해 아이의 자존감을 높여주고 싶다면 아이가 원하는 것, 하고 싶은 놀이와 활동부터 시작해야 합니다. 그러면서 엄마의 아이디어를 활동에 넣어서 좀 더 이야기를 풍부하게 하고 아이가 생각하지 못하는 색다른 경험을 하게 하는 것이 좋습니다. 이런 상호작용이 아이에게 더 큰 세상을 열어주는 것이니까요.

요즘 부모들은 아이가 힘들어하는 모습을 용납하지 못합니다. 과제, 학습은 물론 친구 관계와 놀이 내용에도 간섭합니다. 또 누가 내 아이에게 상처를 주지 않나 하는 걱정 속에 아이를 불편하게 하는 작은 장애물이라도 생기면 먼저 나서서 처리해줍니다.

아이는 스스로 선택하고 그 선택에 따른 결과에 대해서 책임을 지는 과정을 통해 성장합니다. 고통스러운 과정도 아이가 더 건강하고 면역력 있는 아이로 자랄 수 있는 자양분이 됩니다. 아이 스스로 선택할 수 있게 지켜봐주고, 선택에 대한 결과를 책임 있게 받아들일 수 있게 격려해주세요.

아이의 단점보다는 장점에 집중해주세요

많은 부모들이 아이를 교육의 대상으로만 보는 경향이 있습니다. 그러다 보니 자꾸 아이의 잘못이나 단점들만 눈에 들어옵니다. 아이에게 여덟 가지의 장점과 두 가지의 단점이 있으면, 여덟 가지의 장점을 인정하고 칭찬하기보다는 어떻게든 두 가지 단점을 고쳐 완벽한 아이로 만들려고 하죠. 문제는 단점에 집중하다 보니 작은 단점도 너무 확대한다는 점입니다. 그리고 그 단점이 장점이 되는 상황과 환경도 있다는 것을 놓치고 맙니다. 더 심각한 것은 장점보다 단점에 집중하여 계속 지적하면 아이가 행복의 핵심인 긍정적인 자아상을 가질 수 없게 된다는 점입니다.

아이의 자존감을 키우고 싶다면 먼저, 단점이 아닌 장점에 집중해주세요. 아이가 자신의 단점 때문에 힘들어하면 "너에게는 그 작은 단점을 덮을 수 있는 수많은 장점이 있어. 그 장점으로 단점을 보완하면 돼"라고 격려해주면 더 좋습니다.

그러나 칭찬도 적절한 게 좋고, 과대포장해서 칭찬하는 것은 역효과가

납니다. 예를 들어, 그림을 잘 그리지 못하는 아이에게 용기를 준다고 "앞으로 화가가 될 것 같은데, 멋진 작품이야"라고 칭찬하면 아이는 놀린다고 생각하거나 엄마의 말을 신뢰하지 못합니다. "지난번보다 그림의 색깔이 좋아졌다"라거나 "이 인물의 기뻐하는 표정이 잘 표현되었네"라는 식으로, 구체적으로 발전 내용을 칭찬해 아이가 힘을 낼 수 있도록 격려하고 북돋아주는 자세가 필요합니다(117쪽 참조).

자존감도 부모를 닮아요

아이의 자존감을 높이기 위해서는 먼저 부모의 자존감을 돌아봐야 합니다. 아이의 자존감은 부모의 말과 행동을 듣고 보면서 자연스럽게 만들어지는 부분도 많기 때문입니다. 자존감이 높은 부모의 모습을 보고 자란 아이가 자기 자신을 소중히 여길 수 있습니다. 또한 부모의 자존감이 높다는 것은 아이에게 편안한 환경을 마련해준다는 것입니다. 늘 열린 마음으로 아이를 대하고, 아이가 잘못했을 때 화를 내는 것이 아니라 같은 잘못을 반복하지 않도록 현명하게 대처하죠. 갈등이 있을 때 대화로 풀고, 아이와 함께하는 생활의 기쁨도 맛봅니다. 이런 모습을 본 아이들이 부모를 닮아 자연히 높은 자존감을 갖게 됩니다.

자존감이 낮은 부모는 아이를 키우는 것을 더 힘들어하고, 특히 감정을 나누는 것을 매우 버거워합니다. 육아 속에서 일어나는 아이와의 상호작용을 짐처럼 느껴 아이와 함께하는 생활에서 기쁨과 행복을 잘 느끼지 못합니다. 때로 어떤 부모는 마치 패자부활전에 나서듯이 자신이 이루지 못한 것을 아이에게 강요하고, 아이가 실수를 하면 마치 자신이 잘못한 것처럼 참지 못하고 불같이 화를 내기도 합니다. 아이가 성공을 해도 더 열심히 해야 한다고 닦달하고, 아이를 겁주거나 상처를 주는 말도 서슴지 않습니다. 서울대학교 우리 팀 연구에 따르면 부모의 자존감은 경제적 능력이 어떤지, 직업이 무엇인지와 별로 관계가 없었습니다. 사회적으로 꽤 큰 성공을 이루고 높은 지위를 가진 부모들도 자존감이 낮고 아이를 힘들게하는 모습을 많이 보입니다. 그렇다면 이런 부모들은 왜 낮은 자존감을 갖게 됐을까요?

부모의 자존감 역시 그 부모로부터의 영향이 큽니다. 부모가 성장할 때 어떻게 양육되었는지에 따라 자존감이 결정되는 부분이 많기 때문입니다. 어릴 때부터 부모에게 칭찬을 받지 못하고, 작은 잘못에도 지나친 꾸중을 듣고, 걸핏하면 체벌받는 환경에서 자라면 자존감이 높을 수 없습니다. 이런 환경에서 자란 아이가 어른이 되면 그러지 말아야지 결심하고 노력을 해도, 자신의 부모가 했던 방식대로 자녀를 대할 가능성이 높습니다. 즉 자존감이 무의식을 통해 대물림되는 것이라고 할 수 있죠.

Tip
부모의 자존감을 살피는 다섯 가지 질문

대부분의 부모는 자신의 자존감이 낮아도 아이는 자존감이 높은 사람으로 성장하길 바랄 것입니다. 이를 위해서는 제일 먼저 부모 스스로 '낮은 자존감'의 굴레를 벗어나야 합니다.

나의 부모님은 나를 충분히 사랑해주었나?
나의 부모님은 내가 잘못했을 때 어떤 벌을 주었나?
나의 부모는 나의 이야기를 잘 들어주었나?
나의 부모는 신체적 체벌을 사용했나?
나의 부모는 나와 어느 정도의 시간을 함께 보냈나?

위의 다섯 가지 질문을 던지고 곰곰이 생각해보세요. 만약 어린 시절의 고통이 떠올랐다면 의식하지 못해도 자라면서 자존감에 상처를 입었을 가능성이 높습니다. 이때는 아이보다 부모 자신의 상처부터 치료하는 것이 우선입니다. 어린 시절을 깊이 되돌아보면서 이에 대한 느낌을 글로 정리해보세요. 부모님이 살아계시면 어린 시절의 이야기를 나누어보는 것도 좋습니다. 부모님이 "미안하다" 혹은 "그때는 잘 몰라서 그랬다"라고 진심 어린 사과를 하면 오랜 상처여도 풀리기도 합니다. 고통스러워도 어린 시절에 경험한 자기 내면의 상처를 들여다보고 돌보는 과정을 거치면서 부모의 자존감이 높아지고, 아이를 키우는 데 자신감이 생길 수 있습니다.

아이의
자존감과
행복감은
비례해요

아이는 부모의
말과 행동을 통해
경험적·무의식적으로
자존감을 배워요

자존감은
'자신의 가치를 인정하고
소중하게 생각하는
마음'이에요

자존감이 높은 아이는 당당하게
자신을 표현하고, 친구를 배려하고,
스스로 목표를 세우고,
잘못을 했을 때 잘못을 인정하고,
어려움과 문제를 긍정적으로
해결해 나가는 힘이 있어요

도덕성은 태어날 때부터 갖고 있어요

다른 사람을 배려하고, 더 나은 세상을 위해 애쓰는 도덕성은 어떻게 생길까요? 도덕적인 생각과 판단은 뇌의 전두엽과 그 연관 신경회로가 담당합니다. 전두엽은 3~6세에 집중적으로 발달하기 시작하죠. 그래서 이때가 이후 아이의 인생 전반에 큰 영향을 미칠 사회적·도덕적 성향에 영향을 주는 중요한 시기입니다.

도덕성 발달에서 자주 인용되는 연구가 있습니다. 생후 6~8개월 유아들을 대상으로 한 손가락 인형 연극 실험인데, 여기에는 총 세 가지 캐릭터의 인형이 등장합니다. 다른 사람을 돕는 선한 캐릭터 인형, 선하지도 악하지도 않은 중립적 캐릭터 인형 그리고 다른 사람을 넘어뜨리고 때리는 나쁜 캐릭터 인형이죠. 아기들에게 이 중에서 두 가지 인형을 보여주고 어느 쪽을 더 선호하는지 관찰했습니다. 아기들은 나쁜 캐릭터 인형보다는 중립적 캐릭터 인형으로, 중립적 캐릭터 인형보다는 선한 캐릭터 인형으로 향했습니다.

이 실험을 통해 태어난 지 6개월밖에 되지 않은 아기들도, 자신에게 직접적으로 악한 행동을 하지 않더라도 선한 상호작용을 하는 인물에 끌린다는 사실을 알 수 있었습니다. 선한 마음과 행동에 대한 끌림, 이것이 바로 인간의 도덕적 판단과 행동 발달의 기초가 됩니다. 이와 같은 영유아 연구들을 종합하면 친절함, 도덕성, 선한 행동에 대한 선호도는 태어날 때부터 갖고 태어나는 것이라 할 수 있습니다.

생활 속에서 아이의 도덕성을 길러주세요

어린 시절 도덕성이 제대로 발달하지 못하면 성인이 되어서 사회적으로 문제가 되는 행동(폭력, 사기, 음주운전, 성범죄 등)을 하게 되는 경우가 있습니다. 그 이유는 약자를 배려하는 능력, 스스로 분노나 시기심 등의 감정을 조절하는 능력, 순간의 욕구를 참아내는 능력, 좌절을 견뎌내는 능력, 다른 사람의 입장과 상황을 이해하는 능력 등을 제대로 발휘하지 못하기 때문입니다. 그래서 위와 같은 능력들이 본격적으로 발달하는 7세부터 12세 사이에 아이의 도덕성을 튼튼하게 만들어 주는 것이 좋습니다.

그렇다면 아이의 도덕성을 길러주기 위해 부모는 무엇을 해야 할까요? 도덕성은 공부를 하거나 말로 가르쳐서는 얻기 힘듭니다. 대부분 아이가 엄마아빠의 행동을 보고 무의식적으로 습득하는 것이죠. 부모는 다르게 행동하면서 아이에게 도적덕으로 행동해야 한다고 가르쳐봐야 별로 도움이 안된다는 것입니다. 부모 자신의 말과 행동이 아이에게 무의식적으로 영향을 주고, 이것이 앞서 얘기한 도덕성의 기초 능력으로 발전한다는 중요한 사실을 꼭 기억해주세요.

부모 먼저 법과 규칙을 잘 지키세요

놀이공원이나 공연장 입구에서 새치기를 하고, 아이의 나이를 속여서 할인을 받고, 운전할 때 급하다고 신호를 지키지 않고, 멀리 주차하면 불편하다고 장애인 전용 주차 구역을 이용하는 부모 밑에서 아이는 도덕적인 판단과 생활을 무의식적으로 습득할 수 없습니다. 도덕성은 지시, 교훈이나 책 읽기를 통해서가 아니라 생활 속 체험을 통해 아이의 온몸에 스며듭니다. 부모부터 정해진 법과 규율을 잘 지켜야 아이도 법과 규율을 존중합니다. 규칙을 지킬 때는 "여기에 주차를 하면 다른 차들이 다닐 때 불편해. 조금 걷더라도 차를 주차가 허가된 곳에 대는 게 더 옳은 일이야"라고 설명까지 해주면 더 좋습니다. 나만이 아니라 여럿이 함께 사는 사회라는 것을 알려주고, 그 안에서 지켜야 하는 약속을 지킬 때 모두가 행복하다는 것을 말해주면 좋습니다.

타인, 특히 약자에 대한 배려를 실천하세요

평소 다른 사람들을 비난하거나 무시하는 태도는 금물입니다. 편견에 사로잡힌 태도는 아이에게 편협적 시각을 심어줍니다. 평소 이웃에게 인사하고, 노약자에 대한 배려를 실천해보세요. 지하철에서 어르신에게 자리를 양보한다거나 마트 문을 열고 들어갈 때 뒤에 오는 사람을 위해 문을 잡아주는 등 배려하고 존중하는 모습을 보여주는 것도 좋습니다. 또한 아이가 식당에서 소란을 피울 때는 "지금 뛰고 싶겠지만 여기는 실내니까 조용히 걷자"라고 이야기하고, "여기서 큰 소리로 책을 읽으면 다른 사람이 불편해진단다"라고 알려주는 등 기회가 있을 때마다 다른 사람의 입장을 설명해주는 일도 필요합니다. 만약 극장이나 공연장 등 아이가 감당하기 힘든 장소라면, 아이와 함께 그 장소를 빨리 벗어나는 것이 좋을 수 있습니다.

아이에게 행동의 원인과 결과를 설명해주세요

아이가 어려운 도덕적 판단을 내려야 할 때 부모가 항상 옆에서 알려주면 좋겠지만, 사실상 그럴 수는 없습니다. 아이 스스로 판단을 내릴 수 있도록 평소 아이에게 '옳고 그름', '좋은 행동과 나쁜 행동'에 대해 설명해주세요. 만약 아이가 쓰레기를 바닥에 버린다면 "쓰레기를 바닥에 버리는 것은 잘못된 행동이야"라고 말해주세요. 이때 이유에 대한 설명 없이 야단을 쳐서는 안 됩니다. "바닥에 쓰레기를 버리면 거리가 지저분해져"라고 그 행동의 결과가 어떤 영향을 일으키는지 구체적으로 아이 수준에 맞게 설명해주세요. 이러한 과정이 쌓여가면 아이는 점점 스스로 도덕적 판단을 할 수 있게 됩니다.

Tip

이럴 때는 이렇게!
상황별 도덕 교육

사실 부모 입장에서는 어떤 식으로 도덕적 행동에 대해 알려줘야 할지 고민하게 됩니다. 아이에게 잘 설명해줘야지 마음먹고 있어도 실제 상황이 벌어지면 어떻게 해야 할지 몰라 아이에게 화를 내거나 윽박지르게 되죠. 때로는 귀찮다는 이유로 은근슬쩍 넘어갈 수 있습니다. 아이를 키우며 마주하는 다양한 상황에서 도덕 교육이 필요할 때 도움이 될 만한 예시를 소개합니다.

거짓말할 때

거짓말에도 종류가 있습니다. 자신이 나쁜 행동을 한다는 것을 인식하지 못한 채 거짓말을 하기도 하고, 주변 사람들의 관심을 끌거나 잘못된 행동으로 야단맞을까 무서워 거짓말을 할 때도 있습니다. 간혹 원하는 것을 얻기 위해서나 다른 사람을 골탕 먹이기 위해 거짓말을 하기도 합니다. 아이가 거짓말할 때는 악의적인 거짓말인지 아닌지 먼저 상황을 파악해야 합니다. 과하게 야단을 치기보다 아이가 왜 그런 거짓말을 했는지 마음을 읽어주고 관심을 더 기울여주는 것이 좋습니다.

하지만 자신이 원하는 것을 이루기 위해서, 혹은 다른 사람에게 피해를 끼치려는 의도로 거짓말을 한다면 따끔하게 야단을 쳐야 합니다. 일단 아이에게 '거짓말을 했다는 사실을 알고 있다'는 것을 알린 뒤 솔직하게 말할 기회를 줍니다. 아이가 망설이면 거짓말로 잘하는 것보다 잘 못해도 정직한 행동이 낫다는 것을 설명해주세요. 또한 아이 스스로 잘못을 인정하고, 아이의 거짓말로 피해를 입은 사람이 있으면 사과하는 과정을 꼭 거쳐야 합니다.

친구를 때렸을 때

어떤 상황에서든지 아이가 친구를 때리거나 꼬집는 등 공격적인 행동을 할 때는 바로 그 자리에서 훈육을 해야 합니다. 일단 때리는 순간에 아이의 행동을 멈추게 하고, 때리는 행동이 잘못된 것임을 알려주세요. 또한 맞은 친구에게 직접 사과를 하도록 합니다. 이후에 왜 다른 사람을 때리지 말아야 하는지, 그 행동이 다른 사람에게 어떤 상처를 주는지 등을 설명해주세요. 또한 때리지 않고 해결할 수 있는 방법은 무엇인지 이야기를 나누는 것도 좋습니다.

아이가 흥분했다고 해서, 혹은 그럴 만한 이유가 있다는 생각에 꾸짖지 않거나 넘어가버리면 아이는 자신의 행동을 당연시할 수 있습니다. 간혹 주변에 다른 사람이 있다는 이유로 나중에 혼내는 경우가 있는데, 아이가 자신이 원하는 공격적 행동을 마친 후에는 야단을 쳐도 효과가 없습니다.

주의할 것은 아이를 야단친다고 해서 엄마도 같이 큰 소리를 내거나 매를 들지 말라는 것입니다. 아이 입장에서는 엄마 역시 공격적으로 행동하는 것으로 보여 엄마의 가르침을 받아들이지 못하거나 이후에 엄마의 행동을 배워서 더욱 공격적인 행동을 보일 수 있습니다.

질서를 지키지 않았을 때

마트에서 줄을 설 때도 왜 규칙을 지켜야 하는지 등 평소 아이에게 질서와 규칙에 대한 이야기를 많이 해주세요. 여럿이 놀 때 순서를 지키는 것이 중요하다고 말해주고, 아이가 새치기를 하는 등 질서를 지키지 않으면 엄마가 직접 나서서 순서를 지키게 합니다. 만약 아이가 계속 자기 멋대로 하려고 하면 더 이상 그 장소에서 시간을 보낼 수 없다고 말하고 아이의 놀이를 중단시키는 것도 하나의 방법입니다.

아이가 질서를 지키지 않을 때 다른 사람들에게 어떤 악영향을 미칠지 이야기 나눠보세요. 갑자기 끼어드는 사람 때문에 친구들이 속상해지고, 다른 친구들도 질서를 안 지키면 나 역시 피해를 보는 등 우리 사회가 어떻게 될지 이야기 나누는 것도 좋습니다.

약속을 어길 때

아이가 30분 놀고 목욕을 하겠다고 하거나 텔레비전 프로그램을 1편만 보겠다고 하는 등 약속을 했다면 아이에게 약속의 내용을 여러 번 상기시켜주세요. 약속 시간 전에 "10분 남았어, 5분 남았어"라는 식으로 간격을 두고 약속을 지키도록 요구하면, 아이의 욕구 조절이 쉬워집니다. 아이가 지속적으로 약속을 지키지 않을 경우, '약속의 개념이 사라졌을 때 무슨 일이 일어날지'에 대해 이야기해보세요. 엄마도 더 이상 아이를 믿어주지 않고, 누구도 약속을 지키거나 믿지 않게 되면 어떻게 될지 대화해봅니다.

도덕성은 선천적으로 갖고 태어나지만 생활 경험, 양육 환경에 영향을 받아요

아이는 부모의 말이 아닌 행동에서 도덕성을 배워요

아이에게 법과 규칙을 지키고, 타인을 배려하는 모습을 몸소 보여주세요

회복탄력성이 아이의 행복을 좌우해요

자존감과 도덕성 외에 아이의 행복을 굳건히 지탱하는 세 번째 요소는 회복탄력성(Resilience)입니다. 회복 탄력성은 크고 작은 역경과 시련을 이겨낼 수 있다는 희망을 품고 노력하는 마음의 힘입니다. 인생의 허들을 뛰어넘게 해주는 마음의 근력인 셈이죠.

친구와 다투거나 성적이 떨어지는 등 작은 문제에도 아이가 안절부절못하고 자주 불안감을 느낀다면 바로 회복탄력성이 부족해서일 수 있습니다. 회복탄력성이 강한 아이는 어떤 문제가 닥쳐도 자신을 다잡고 이성적으로 노력합니다. 설사 실패하더라도 더 행복해지기 위한 하나의 과정이라고 생각하면서 다시 일어서죠.

태어날 때부터 회복탄력성이 높은 사람으로 태어나는 아이도 있지만 보통은 부모의 양육 방식에 큰 영향을 받습니다. 그리고 훈련이나 연습을 통해 얼마든지 강해질 수 있습니다.

Tip

회복탄력성이 높은 아이들의 특징

아이의 회복탄력성을 파악하고 싶다면 평소 아이를 잘 관찰해보세요. 아이가 자주 하는 말이나 행동은 무엇인지, 언제 어떤 문제에 부딪히는지, 문제에 어떻게 반응하는지 살펴보면 아이의 회복탄력성 정도를 알 수 있습니다. 다음은 회복탄력성이 높은 아이들에게 흔히 나타나는 특징들입니다.

정서적 특징
- '좋다', '싫다', '속상하다' 등 자신의 감정을 솔직하게 표현합니다.
- '난 이걸 잘해', '이게 재미있어' 등 긍정적인 말이 입에 배어 있습니다.
- 다른 사람의 눈치를 보기보다 주도적으로 선택하고 결정합니다.
- '오늘 날씨가 좋아', '유치원 간식이 맛있어' 등 일상에서 행복한 이유를 스스로 찾습니다.

사회적 특징
- 다른 사람과 함께 어울리고 노는 것을 좋아합니다.
- 공감 능력이 높은 편으로 다른 사람의 감정을 잘 이해합니다.
- 규칙이나 기준 등을 잘 받아들입니다.
- 다른 사람의 의견을 잘 받아들이면서 자신의 의견도 당당히 내세웁니다.

회복탄력성, 부모가 키워줄 수 있어요

점점 더 예측할 수 없는 세상에 적응해 살아가기 위해서는 스스로 삶을 통제하고 능동적으로 만들어가는 능력이 필요합니다. 이를 위해서는 회복탄력성을 길러야 하죠. 회복탄력성을 키우려면 부모의 역할이 중요합니다. 부모가 회복탄력성이 높으면 아이 역시 부모를 닮아 회복탄력성이 높을 가능성이 있습니다. 부모는 아이가 태어나 처음으로 관계를 맺는 사회입니다. 부모의 행동, 말투 등을 보며 자라는 아이는 자신도 모르게 부모를 모방합니다. 부모가 긍정적이면 "할 수 있어. 다시 해보지 뭐, 괜찮아"라는 긍정적인 말을, 부모가 비관적이면 "내가 뭘 하겠어, 해봤자 뭐해" 같은 부정적인 말을 모방하며 행동을 답습하죠. 아이가 자라는 동안 회복탄력성을 키울 수 있도록 부모의 노력이 필요합니다.

긍정적인 태도와 밝은 웃음을 보여주세요

부모가 활짝 웃으면 아이도 부모를 보며 미소를 짓습니다. 부모가 평소 밝은 태도와 느긋한 마음으로 생활하면 아이 역시 부모의 긍정적인 태도를 닮게 됩니다. 이 긍정적인 태도는 자존감의 기초이고, 자존감은 아이의 회복탄력성을 키우는 밑바탕이 됩니다. '네가 뭘 해서가 아니라 너이기 때문에, 너를 그 자체로 사랑해'라고 느끼게 해주세요. 부모의 무조건적인 지지가 있을 때 아이는 자신 있게 세상으로 나가 하고 싶은 일을 하고, 실패를 두려워하지 않고 자신이 원하는 새로운 시도를 할 수 있습니다.

==또한 아이들에게 현실에서 마주할 수 있는 위험 요소, 부정적인 결과 등을 너무 많이 전달하는 것은 좋지 않습니다. 필요한 교육일지라도 긍정 대 부정의 비율을 8 대 2로, 부정적인 이야기보다 긍정적이고 아름다운 이야기를 더 많이 해줘야 한다고 생각합니다.==

세로토닌 신경망을 자극하세요

어느 날 아빠가 아이들에게 많은 장난감을 선물했습니다. 그런데 방에 가득 찬 장난감을 보고 두 명의 아이가 전혀 다른 반응을 보였습니다. 한 아이는 "우와! 가지고 놀 장난감이 이렇게 많네. 하루에 한 개씩 가지고 놀고, 나중에는 다 가지고 놀아야지" 하며 즐거워했습니다. 반면에 다른 아이는 "이 많은 장난감을 언제 다 가지고 놀아. 아, 정말 피곤해"라고 짜증을 냈습니다. 이 두 아이의 차이는 무엇일까요? 바로 세로토닌이 풍부한 아이와 부족한 아이의 차이입니다.

세로토닌은 뇌의 지나친 흥분과 억제 상태를 조정해 안정 상태로 유지해줍니다. 이런 안정된 뇌 상태는 환경과의 상호작용 속에서 계속 발전할 수 있도록 신경가소성을 촉진시킵니다. 다시 말하면, 스트레스로 힘든 뇌의 상태를 개선해 아이들의 불안과 우울 상태를 회복시키며 긍정적이고 이성적인 판단을 하는 아이로 자라는 데 중요한 역할을 합니다.

그러므로 세로토닌 신경망이 튼튼한 아이들은 작은 상처도 쉽게 극복하고, 감당하기 어려운 문제 앞에서도 겁먹고 포기하는 대신 당당하게 도전합니다. 발달 과정에 있는 아이들은 세로토닌의 조절 기능이 충분히 성숙하지 않은 상태이므로, 어릴 때부터 조절 기능을 발달시킬 수 있도록 노력해야 합니다.

일찍 꿈을 결정짓지 않도록 도와주세요

우리 서울대 어린이병원을 찾는 아이들이 전부 질병 치료 때문에 오는 것은 아닙니다. 간혹 진로를 상담하고자 오는 아이들과 부모님도 있지요. 초등학교 3~4학년 정도 되는 아이들과 최근 상담을 하면서 느낀 것은 아이들의 꿈이 10년 전에 비해, 너무 구체적이고 현실적이라는 점입니다. 어린아이들이 국제변호사, 성형외과 의사 등 특정 직업을 장래 희망으로 이야기하기도 하고, 직업을 얻기 위해 어떤 준비를 해야 하는지 구체적으로 생각하기도 합니다. 일찍부터 야무지게 준비한

다고 볼 수도 있지만 이것이 정말 아이의 꿈인가 하는 의문이 들 때가 많습니다. 부모님에 의해서 심어진 꿈이 아닐까 하는 생각도 듭니다. 20대가 되기 전, 꿈을 실현시키기 위해 구체적으로 그 과정까지 그려보는 것은 좋은 일입니다. 하지만 초등학생 정도의 어린아이들이 구체적인 목표를 너무 일찍 정해버리면 아이가 지닌 무한한 가능성을 놓치거나 변화하는 세상의 흐름을 놓치게 될 수도 있습니다. 지금 멋지고 돈 잘 버는 직업이 20년 뒤에는 그렇지 않을 가능성도 상당히 높습니다. 그리고 너무 구체적인 것에 올인하다가 그 꿈을 이루지 못했을 때 대안이 없는 더 큰 절망에 빠지고, 기대하는 부모님께 죄책감을 느끼는 부작용도 생길 수 있어서 위험해 보입니다.

어린 시절에는 꿈을 다양하게 꿀 수 있는 게 더 좋은 것 같습니다. 다양한 꿈을 꿔볼 수 있도록 폭넓은 경험을 하게끔 부모가 도울 수 있다면 더 좋겠습니다. 대안이 많아지고, 변화에 능히 반응하며, 환경에 적응력이 좋아지면 회복탄력성도 더 커지니까요.

실패도 해본 아이가 이겨낼 수 있어요

실패나 좌절을 겪지 않고 단번에 성공하는 것이 늘 좋은 것만은 아닙니다. 많은 부모들이 아이가 상처받을까, 고생할까 염려하면서 미리미리 장애물을 제거해주곤 합니다. 학교에서 미술대회가 열린다고 하면 집이나 미술학원에서 미리 그림을 그려보고 학교나 학원의 시험을 앞두고 있으면 집에서 미리 공부를 시키는 거죠. 그러다 보니 아이들은 실패를 경험하지 못하고, 실패에 어떻게 대처해야 할지 모릅니다. 자연스레 실패를 이겨낼 힘을 기르지 못하게 되죠. 실패한 아이는 괜찮은데 부모가 더 힘들어하는 경우도 있습니다. 예를 들어 아이가 시험에 떨어지거나 기대하던 상을 못 탔을 때 엄마가 더 속을 끓입니다. 아이는 이런 부모의 모습을 보는 것이 싫어서 실패를 두려워하게 되고, 나중에는 시도하는 것조차 겁낼 수 있습니다. 실패가 쌓여 성공이 된다는 것을 부모가 행동으로 보여주세요. 실패한 아이에게 성공에 한걸음

더 가깝게 다가간 거라고 말해주세요. 실패를 대수롭지 않게 받아들이는 부모의 낙관적 모습이 아이의 회복탄력성 발달에 도움이 되니까요.

아이의 도전을 응원해주세요

아이는 엄마가 자신의 선택을 믿어줄 때 존중받는다고 느끼며 자신의 선택에 자신감을 가질 수 있습니다. 위험하다는 생각에 아이의 행동을 무조건 제지하면 아이는 무기력해지고 의존적이 되거나 소극적인 태도를 갖게 됩니다. 실패를 하더라도 배울 게 있다는 생각으로, 마음껏 세상을 돌아볼 수 있게 아이의 선택을 믿고 응원해주세요.

실패 경험을 통해서 배울 수 있게 해주세요

실패의 좋은 점은 의외로 많습니다. 왜 성공하지 못했는지 되돌아보고, 다음에 실패 확률을 낮출 수 있는 지혜를 얻게 되니까요. 실패로 얻은 경험은 부모의 열 마디 말보다 더 큰 가르침이 됩니다. 부모가 잔소리를 해도 아이들이 변하지 않는 이유는 경험을 통해 배운 것이 아니기에 직접 실감하지 못하기 때문입니다.

아이가 시험을 잘 보지 못해, 혹은 원하는 것을 이루지 못해 속상해한다면 먼저 속상하고 실망한 기분을 공감해주세요. 엄마아빠가 어렸을 때 실패했던 이야기를 들려주는 것도 좋습니다. 아이의 눈에는 대단해 보이는 부모 역시 실패한 경험이 있고, 다시 도전해서 어려움을 극복했다는 사실은 아이들에게 큰 위안이 됩니다. 부모가 해야 할 일은 아이가 실패하지 않도록 길을 다지는 것이 아니라 실패해도 다시 일어날 수 있도록 용기를 북돋는 일입니다.

Tip

회복탄력성을 높이는 대화, 이렇게 해보세요

긍정적인 말이 아이를 변화시켜요
아이가 자연스럽게 삶을 긍정적으로 바라보고, 힘든 일을 잘 이겨낼 용기와 지구력을 갖길 원한다면 '언어의 마술'을 활용해보세요. 생각이 말을 만들고 말은 현실이 됩니다. 요즘은 일상적으로 욕을 하거나 어른들이 이해하지 못하는 외계어를 쓰는 아이들이 많습니다. 부정적인 말은 파괴적인 영향력을 발휘합니다. 다른 사람을 향해 욕을 할 때 미움과 나쁜 에너지는 자신에게까지 영향을 미칩니다. 평소 긍정적인 말을 할 수 있도록 격려하세요. 엄마 역시 부정적 언어 습관을 버리고 "할 수 있어", "괜찮아", "해보자" 등 긍정적인 말을 해야 합니다. 아이의 뇌는 긍정의 언어를 통해 동기화되고 낙관적인 태도를 지니게 됩니다. 습관이 바뀌고 태도가 바뀌면 사람과 일을 대하는 감정도 달라지고, 새로운 해결책을 찾을 수 있습니다.

적절한 칭찬이 필요해요
'엄마는 너를 사랑하고, 너는 잘하고 있고, 발전하고 있다'는 것을 아이가 느끼도록 칭찬을 해주세요. 또한 아이가 다양한 경험을 통해 자신감을 갖도록 풍부한 활동을 접하게 하는 것도 필요합니다. 새로운 경험과 도전 속에 실패를 했을 때 결과보다 과정에 집중해 최선을 다했다면 칭찬해주세요. 성실하게 노력하고 규칙을 지키면서 자기가 선택한 일을 꾸준히 해나갈 때, 부모의 칭찬은 큰 힘이 됩니다. 결과에 대해서는 설사 칭찬이라 할지라도 아이의 능력을 제한할 수 있으므로 주의하세요. 결과만을 놓고 칭찬하게 되면 아이들은 과정은 무시하고 결과에 집착하게 되고, 결과가 좋지 않을 경우 다시 일어설 용기를 잃게 됩니다.

말하는 것만큼 듣는 것도 중요해요
아이가 말할 때 무언가 교훈을 줘야 한다는 압박에서 벗어나 일단 잘 들어주세요. 머릿속으로 딴 생각을 하지 말고, 아이와 눈을 맞추고, 중간중간 맞장구로 잘 듣고 있다는 표현을 해주고, 질문도 해가며 귀기울여주세요. 이어서 아이의 감정에 공감해주세요. 그러면 아이는 존중받고 있다는 생각으로 자존감도 높아집니다.

> 부모가 긍정적인 사고를 지니면 아이의 회복탄력성이 높아질 수 있어요

> 아이는 실패를 통해 교훈을 얻고 이겨낼 힘을 기를 수 있어요

> 회복탄력성은 양육 방식, 훈련이나 연습을 통해 얼마든지 강해질 수 있어요

> 물체마다 탄성이 다르듯 아이도 회복탄력성이 강한 아이와 약한 아이가 있어요

특별
부록

우리 아이 공부 지능

부모들은 자녀가 똑똑하면서 행복하길 바랍니다. 그리고 많은 부모들은 똑똑하면 행복할 가능성이 높다고 여깁니다. 여기서 '똑똑'의 의미는 다양하지만 그중에 가장 대표적인 것은 바로 '공부를 잘하는 것'이라고 할 수 있죠. 어려운 문제도 척척 풀고, 외국어도 곧잘 따라 하고, 책 읽기도 좋아하고, 성적도 좋은 것. 공부를 잘 할 수 있도록 하는 '공부 머리', '공부 지능' 역시 두뇌 발달과 직결됩니다. 따라서 이를 알고 접근하면 우리 아이 공부 지능의 스위치를 제대로 켜줄 수 있습니다. '우리 아이가 공부 잘하는 아이'이길 바라는 부모일수록 두뇌 발달과 관련된 공부 지능을 제대로 알아야 할 이유입니다. 지금부터 공부 지능과 관련된 주요 기능과 뇌 발달에 대해서 짚어보고, 공부와 학습에 중요한 영향을 끼치는 환경 요인에 대해서도 살펴보겠습니다.

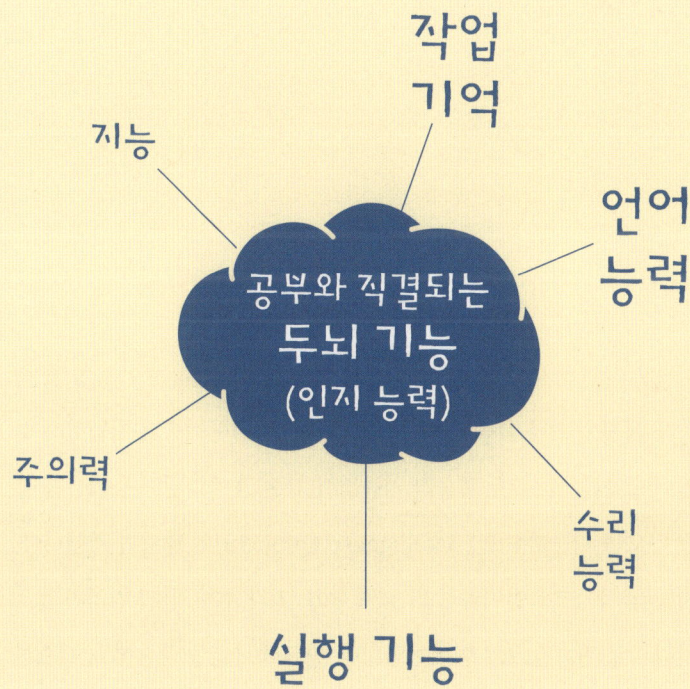

공부와 직결되는
두뇌 기능
지능

지능은 어떤 문제에 대해 합리적으로 사고하고 해결하는 인지 능력, 즉 문제 해결 능력과 학습 능력 등을 이릅니다. 일반적으로 지능이라 하면 복합 지능이 아닌, 웩슬러 지능검사 같은 표준화된 지능검사를 통해 나오는 지능지수(IQ, Intelligence Quotient)를 말하는 것입니다. 지능검사는 크게 언어와 수리 능력 평가, 지각 추론, 단기 기억과 정보처리 속도 평가 등으로 이루어집니다. 학교에서 받는 학습에 꼭 필요한 언어, 수리, 공간 이해, 정보처리 등의 인지 능력을 평가하는 것입니다.

Q 지능검사, 영재 판별에 꼭 필요한가요?

본래 지능검사를 개발한 목적은 영재를 선별하거나 아이들의 뛰어난 능력을 평가하기 위해서가 아닙니다. 지적 발달 장애가 있는 등

특수한 도움이 필요한 아이들을 선별하기 위해서 만든 것이죠. 그렇기에 학습에 큰 문제가 없다는 것을 확인하는 데는 도움이 되지만, 다양한 영역 중 특정 영역에서 뛰어난지 평가하거나 아이의 성공 예측 가능성을 살피는 데는 큰 도움이 되지 않습니다.

Q 지능검사 결과를 어떻게 이해하면 되나요?

지능은 절댓값이 아닙니다. 큰 규모의 나이별·성별 표본집단을 통해 얻은 자료를 토대로 한 평균값과 표준편차로, 상대적인 값을 구하는 것입니다. 평균은 100으로 하고, 그 평균에서 얼마나 떨어져 있는지를 표현한 것이죠. 즉 IQ는 검사에서 분야별 문제를 풀어 나온 개별 점수의 합이 아니라, 그 총합이 표준화에 동원된 특정 집단(평균)에서 어디에 위치해 있는지를 나타낸 상대적 지수입니다. 지능의 평균 범위는 80~120으로, IQ가 100이라 하면 또래 평균 정도 수준의 능력이 있음을 의미하는 거죠.

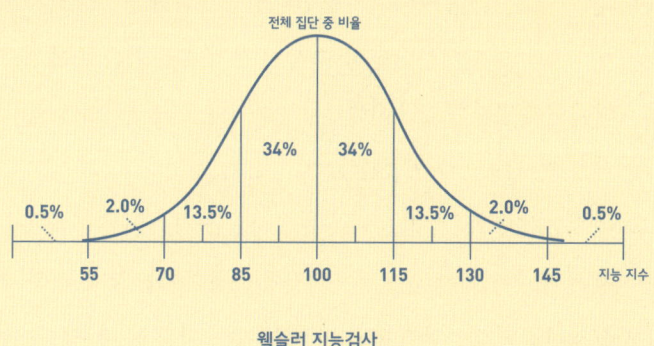

웩슬러 지능검사

Q 지능이 높으면 학교생활에 유리할까요?

요즘 부모들이 지능검사를 받는 이유는 '아이가 얼마나 머리가 좋은가, 얼마나 똑똑한가'를 알기 위해서입니다. 하지만 앞에서 이야기했듯이 애초에 영재성 또는 장래성을 확인하기 위해서가 아니라 지적 발달에 문제가 있는 아이들을 확인하기 위해 만든 검사입니다. 따라서 지능검사 결과만을 가지고 아이들의 전반적인 학습 성취도를 예측할 수는 없습니다.

일반적으로 지능검사로 예측할 수 있는 것은 학습 예상 성취도의 50퍼센트 정도일 뿐, 공부를 얼마나 잘할지 정확히 예측하지는 못합니다. 지능이 높아도 주의력이 낮거나 동기가 부족해 공부를 못하는 경우가 많습니다.

Q 지능검사를 통해 아이의 적성이나 진로 파악이 가능할까요?

아이의 진로를 파악하기 위해 지능검사를 받는다는 분도 많습니다. 지능검사를 통해 아이의 강점과 약점을 파악할 수는 있지만 이 역시 아이 능력의 일부분만을 알 수 있을 뿐입니다. 예를 들어 검사를 받으면 아이가 공간 구조의 이해력이 좋다거나, 눈과 손의 협응력이 좋다는 정보 정도는 알 수 있습니다.

그러나 지능검사에서 수리 능력이 높게 나왔을 경우 연산 능력이 좋다는 사실은 알 수 있지만, 앞으로 수학을 잘하게 될지는 알 수 없습니다. 수학을 잘하려면 연산만이 아닌 미적분, 기하, 확률 등 다양한 수학적 개념을 이해하고 개념 활용도 잘 해야 하기 때문입니다. 지능검사를 통해 단기·중기 학습 성취를 예측하는 것도 쉽지 않은데 하물며 지능검사를 통해 아이의 미래 직업과 진로를 예측할 수 있다는 건 더더욱 적절하지 않은 이야기일 것입니다.

Q 지능도 변하나요?

저와 같은 발달연구가들의 연구들을 종합해보면, 초등학교 입학 전에 측정한 지능은 여러 요소들의 영향을 받아 변화 가능하다는 의견이 많습니다. 하지만 초등학교 고학년에 측정한 지능지수는 초등학교 저학년 때보다는 유동성이 낮습니다.

지능을 변화시키는 요소로는 본인의 꾸준한 학습 노력과 가족, 학교의 교육적 지지 등이 있습니다. 또한, 아이나 부모가 지능이 변화할 수 있다고 믿고 노력하는 자세가 학습 동기에 영향을 줄 수 있습니다. 현재의 지능검사 결과에 실망만 할 것이 아니라 지능의 변화 가능성에 주목하여, 아이 자신이 꾸준히 노력하고 가족도 함께 지원하는 것이 바람직하다고 생각합니다.

Q 지능이 높으면 공부를 잘할까요?

머리 회전이 빠르고, 인지 기능이 높아야 꼭 공부를 잘하는 것은 아닙니다. 학습에는 지능 외에 성격, 창의성, 도덕성, 인내심, 목표

지향성, 몰입 능력 등 다양한 요인이 영향을 미치기 때문입니다. 우리가 아는 위대한 인물 중에서도 학교 수업을 제대로 따라가지 못한 이들이 많습니다. 아인슈타인을 비롯해 에디슨, 뉴턴, 처칠 등은 모두 학교에서 구제 불능으로 낙인 찍혔던 사람이었다는 것을 잊지 마세요.

공부와 직결되는 두뇌 기능
작업 기억

Q 작업 기억이란 무엇인가요?

뇌과학자들이 공부에 영향을 미치는 뇌 기능 중 가장 중요하다고 생각하는 것이 바로 '작업 기억'입니다. 작업 기억은 우리가 정신적 작업을 하는 데 필요하지만 오래 저장할 필요가 없는 정보를 단기간에 기억했다가 작업이 끝난 후 지워버리는 것입니다. 한마디로 잠깐 사용하고 떼어버리는 포스트잇과 같다고 보면 됩니다. 컴퓨터에서 워드를 실행해 글을 쓰면 컴퓨터 화면에는 그 글이 떠 있지만 컴퓨터 본체에 저장되지는 않습니다. 장기 기억으로 가기 위해서는 저장 버튼을 눌러야 하죠. 작업 기억은 저장 버튼을 눌러 저장하기 전 워드 파일에 담긴 내용이라 보면 됩니다. 저장을 누를지 말지는 대뇌가 그 내용의 중요성을 검토한 뒤 결정하는 것이고요.

이 작업 기억은 10초~1분 정도 머릿속에 저장됐다 사라집니다. 예를 들어 친구와 전화를 하면서 다른 친구의 전화번호를 물은 후, 전화를 끊고 자신의 휴대전화에 그 번호를 등록할 때까지 잠깐 번호를 외우는 기능이라고 하면 이해가 쉬울 겁니다. 자신의 휴대전화에 번호를 저장하고 난 후에는 더 이상 외울 필요가 없으므로 머릿속에서 지워 버리는 것이죠.

Q 작업 기억이 왜 중요할까요?

정보를 즉각적으로 저장·기억·인출하고 정보 처리의 흐름을 유지하는 작업 기억은 앞서 이야기한 것처럼 일상 활동과 학업 수행에 모두 중요하게 작용합니다. 어떤 종류의 기억 기능이나 정신 활동보다 중요한 능력이라고 할 수 있죠. 작업 기억의 기능은 정말 많은 정신적 작업들에 관여합니다.

우리가 일상 대화 중에 듣게 되는 지명, 인명 등을 대화의 맥락을 이해하기 위해 잠시 기억했다가 지워버리는 것도 작업 기억의 역할이며, 수업을 듣거나 책을 읽을 때 내용과 맥락을 전체적으로 이해할 수 있게 돕는 것도 작업 기억입니다. 작업 기억의 기능이 있어야 머릿속에 장기간 남아 있지는 않더라도 앞에 나온 특정 정보를 단기적으로 활용하면서 '그래서 그랬구나, 이게 그거구나' 하며 그다음 문장을 이해하고 또 다음 문장을 이해해, 한 페이지 전체를 이해할 수 있게 됩니다. 그리고 다 읽고 난 후 책을 덮어도 전체 흐름이 어땠는지 잡을 수 있습니다.

Q 작업 기억력도 뇌처럼 지속적으로 발전하나요?

예. 그렇습니다. 작업 기억의 용량은 아이가 자라면서 계속 커집니다. 나이가 들면서 머릿속에 포스트잇이 점점 더 많아지는 거죠. 유아기에 비해 7세 정도의 학령기가 되면 몇 배 이상 늘어나고, 청소년이 되면 또 몇 배 이상 늘어납니다. 성인이 되면 정점에 이르고, 중년 이후 감소되는 경향으로 갑니다.

작업 기억의 속도 역시 빨라져 영유아— 학령기— 청소년기로 가면서, 정보처리 속도도 높아집니다. 작업 기억의 발달은 우리 뇌 중에서 특히 전두엽과 관련이 깊습니다. 전두엽은 청소년기 초기부터 성인기까지 지속적인 가지치기가 일어나 효율적 연결망이 만들어지는데, 그 과정에서 작업 기억을 담당하는 연결망의 효율성이 증가되는 동시에 처리할 수 있는 정보량이 많아집니다. 초등학교 때는 별로 눈에 띄지 않다가 중·고등학교 때 두각을 드러내는 아이들은 대부분 전두엽의 가지치기를 거치면서 작업 기억력의 양과 속도가 다른 아이들보다 더 많이 증가한 경우라고 할 수 있습니다.

Q 작업 기억은 공부와 어떤 관계가 있나요?

작업 기억은 머릿속의 메모장으로, 특히 성적에 가장 중요한 역할을 합니다. 필요할 때 메모하고 잠깐 저장하고, 정보를 처리하는 과정에서 계속 떠올려 정보의 흐름을 만들고, 내용을 이해하고, 요약하는 데 결정적인 역할을 하기 때문이죠. 시험 문제 등 처음 보는 문장을 읽을 때, 죽 읽어나가면서 각 단락과 문장의 연결고리를 찾고 내용을 정리할 수 있게 하는 게 작업 기억 능력입니다. 또 여러 자극을 동시에 처리하고 각 자극의 정보를 통합하며 필요한 것들을 장기 기억으로 넘깁니다. 읽기 이해, 듣기 이해, 지시 따르기, 필기, 작문, 추론 등 작업 기억 능력이 발달되지 않으면 전 과목 학습이 힘들어집니다.

Q 작업 기억력은 타고나나요? 환경에 의해 바뀌나요?

작업 기억력은 환경보다 생물학적 발달 과정 자체에 영향을 더 많이 받습니다. 유전적 요소가 영향을 미치는 거죠. 특정 자극을 많이 준다고 해서 갑자기 늘거나 자극을 적게 준다고 해서 갑자기 줄어들거나 하지 않습니다. 사실 공부를 잘하느냐 못하느냐는 아동기·청소년기 작업 기억력 발달과 깊은 연관이 있는데, 그 발달 속도와 양은 타고나는 부분이 많다고 할 수 있습니다.

그러나 작업 기억력을 후천적으로 늘리는 것이 불가능한 일은 아닙니다. 현저한 차이를 만들 수는 없지만 한정된 작업 기억력을 효율적으로 쓸 수 있게 하는 방법이 존재합니다.

공부와 직결되는 두뇌 기능
주의력

지능은 뛰어난데 유난히 시험에서는 실력 발휘를 못하는 아이들이 있습니다. 반면에 평범해 보여도 꾸준히 성적을 향상시키는 아이도 있죠. 이 아이들의 차이는 무엇일까요? 소위 '엉덩이 힘'이라고들 하는, 주의력의 차이입니다. 주의력은 작업 기억과 함께 공부와 관련해 가장 중요하다고 손꼽히는 뇌 기능입니다. 일반적으로 주의력을 이야기할 때는 특정한 과제에 오래 집중할 수 있는 능력만을 생각하지만, 사실은 집중력의 적절한 분배, 학습 정보의 통합, 불필요한 자극 조절 등을 종합적으로 지칭하는 것입니다.

주의력은 공부에 왜 중요한가요?
공부 잘하는 아이들의 가장 큰 특징은 무엇인가요? 이해와 숙달의 반복입니다. 정확히 개념을 이해하고, 이를 활용하여 문제 풀이에 숙달되도록 훈련하는 것입니다. 이해와 숙달의 과정을 반복하는 것은 정말 지루할 수 있습니다. 이 지루함을 극복하고, 반복을 가능하게 하는 것이 주의력입니다.

오래 앉아 있다고 되는 것은 아닙니다. 읽기와 쓰기, 연산 등 기초 학습 기술을 익히기 위해서는 이해와 반복을 통한 정신적 숙달이 핵심인데, 이 과정에 주의력이 중요한 거죠. 즉, 주의력이 강한 아이들은 오래 앉아서 충분한 시간 동안 문제 풀이와 이해와 숙달 과정을 되풀이하기 때문에 문제의 유형과 특정 주제를 보다 쉽고 빠르게 마스터하게 되는 거죠. 덕분에 여러 유형의 문제들을 빠른 속도로, 실수 없이 정확하게 풀어낼 수 있는 겁니다.

Q 주의력이 부족하면 어떤 문제가 발생할까요?

창의력이 뛰어나거나 정보처리 속도가 빠르다 해도 주의력이 부족하면 숙달할 수가 없습니다. 부모가 복습을 시키려고 하면 "다 알고 있는 거야" 하면서 지루해하고 회피하려고 합니다. 그러면서 새로운 자극을 찾게 되기 쉽고 이것저것 건드리면서 다양한 것을 섭렵하지만, 설익은 지식만을 얼기설기 갖게 되는 경향이 있습니다. 약간만 꼬아놓은 문제를 내도 개념이 확실하지 않기 때문에 혼란스러워하고, 출제자의 함정에 쉽게 빠질 수밖에 없죠.

주의력이 부족한 아이들은 쉽게 지루함을 느끼고, 보다 새롭고 보다

강한 자극을 찾는 경향이 높습니다. 특히 요즘처럼 스마트폰을 통한 4G/5G 초고속망이 쉽게 접속되는 세상에서는 하루 24시간 언제든 자극적인 게임이나 동영상에 빠지기 쉬우며 실제로 많은 시간을 여기에 할애하게 됩니다.

머리는 좋은데 공부를 못하는 아이들이 속출하기 쉬운 정보 과잉·자극 과잉 시대 속에 우리는 살고 있습니다. 특히 주의력이 부족한 아이들이 이 유혹을 견디기 힘든 상황입니다. 주의력 부족의 가장 심한 형태가 ADHD라는 질병입니다.

Q 주의력이 성적과 어떤 관계가 있을까요?

모든 시험은 숙달과 관련됩니다. 시간 제한이 있기 때문입니다. 머리가 좋은 아이들에게 충분한 시간을 주고 문제 풀이를 시키면 설령 숙달이 되어 있지 않더라도 충분한 시간을 활용해 좋은 성적을 받을 수 있습니다. 하지만 시험에는 엄격하고 공정한 시간 제한이 따르지요. 예를 들어 50분 안에 20문항을 푸는 상황에서 숙달이 안 되면 속도를 내지 못하고, 자연히 낮은 점수를 받을 수밖에 없게 됩니다.

Q 왜 반복 학습을 통한 숙달이 중요할까요?

기억은 우리 뇌에서 그 정보가 유지되는 시간에 따라 여러 단계로 나뉩니다. 가장 짧게 저장되는 작업 기억(249쪽 참조), 작업 기억에서 넘어온 기억을 몇 시간에서 2~4일 정도 유지하는 단기 기억, 단기 기억에서 중요하다고 판단된 것들을 선택하여 수년간 저장하거나 또는 평생 지워지지 않는 형태로 유지하는 장기 기억.

이 과정에서 주의력은 단기 기억을 장기 기억으로 만드는 데 중요한 역할을 합니다. 감각기관(눈, 귀 등)으로 들어온 정보 중 어떤 것을 장기 기억으로 계속 유지할지 말지를 선별하는 기준은 뇌가 중요하다고 판단하는가 여부입니다. '뇌가 중요 정보라고 판단'하는 것은 정보가 반복해서 활용되느냐에 달려 있죠. 반복·숙달 과정에서 특정 정보가 계속 반복되면, 뇌는 그것을 중요한 정보라고 판단하여 장기 기억으로 넘기는 것입니다.

하지만 대부분의 지식 정보들은 단기 기억에서 쉽게 사라집니다. 2~3일 저장해놓고 지속적으로 들여다보고, 반복하지 않으면 뇌에서는 중요하지 않다고 판단해 삭제합니다. 시험을 앞둔 하루 전날의 초치기 학습이 왜 1주일도 안되어 사라지는지 아시겠죠? 진정한 학습은 지식이나 정보를 장기 기억으로 바꾸는 과정의 결과물입니다. 그러므로 새로 배우고 익힌 내용을 정말 내 것으로 만들려면 반복을 통한 숙달이 필수입니다.

Q 주의력을 높이려면 어떻게 해야 할까요?
부모가 반복·숙달의 중요성을 깨달아 아이에게 학습시키고 싶은 내용을 정해서 매일 주입식 교육을 한다면 과연 도움이 될까요?

단기적으로는 도움이 되지만 장기적으로는 별로 도움이 되지 않습니다. 부모님이 강압적으로 주는 자극을 아이가 받아들이려 하지 않기 때문입니다. 주의력은 본인의 의지와 동기가 있을 때 극대화되고 제대로 발휘됩니다. 주입식 강압은 짧게는 효과적으로 보이나, 결국 아이의 분노와 무력감을 조장하여 장기적으로는 반복·숙달에도 실패합니다. 그러므로 반복·숙달이 되려면 아이의 동기와 재미가 함께 자극되어야 합니다. 어떤 내용에 스스로 관심을 가지면, 아이들은 반복·숙달을 통해 그 정보를 점점 넓게 확장시켜 갑니다. 책을 찾고 인터넷도 검색하고 부모님, 친구들과 토론도 하는 등 반복·숙달을 여러 각도로 확장하는 거죠. 숙달을 하고 싶은 이유, 즉 동기와 재미가 있고, 자발적이어야 주의력이 높아진다는 것을 기억하세요.

그 외에 평소에 주의력을 향상시킬 수 있는 방법을 간단히 말씀드리겠습니다.

- 여러 가지 일을 하는 것을 피하고, 한 번에 한 가지 일을 할 수 있게 해주세요.
- 집중을 잘 하면서 과제를 해낼 때 아낌없는 칭찬을 해주세요. 성취감을 느낄 수 있어야 합니다.
- 학습처럼 지루한 것들은 시작할 때, 종료 시간을 미리 정해주어 참는 능력을 키웁니다.

공부와 직결되는 두뇌 기능
언어 능력

아이의 학습 능력을 알기 위해서는 학습 능력 발달 과정을 살펴야 합니다. 그중에서도 학습의 기초가 되는 언어 능력이 제대로 발달하고 있는지 잘 지켜보는 게 중요합니다. 발달 지연이 의심되면 전문가와의 평가를 통해 도움을 줄 필요가 있습니다.

언어 능력의 발달은 아기가 태어나서 부모의 말을 이해하고, 자신의 의사를 말로 표현하는 것부터 시작합니다. 어린아이들의 언어 발달은 두뇌 발달과 밀접한 관련이 있고, 만 36개월까지 발달이 뚜렷하게 늦어지면 인지적 개념 형성 능력 역시 떨어지죠. 당연히 학습에도 문제가 생깁니다. 따라서 부모가 조기에 개입해 도움을 주는 것이 좋습니다.

유아기 언어 발달 과정

월령	언어 발달 수준
3개월	말이 아닌 소리를 낸다. 3개월이 되면 모음과 비슷한 소리를 낼 줄 안다.
12~15개월	'엄마' 등 첫 단어를 말하기 시작한다. 엄마를 보면서 엄마임을 표현할 수 있다. 말하는 것은 단어 하나여도, 알아듣는 단어는 60~90개 정도가 된다.
18~24개월	약 18개월이 되면 '엄마 물' 등 두 단어 표현이 가능해지고, 24개월이 되면 단어를 연결해 문장을 만들 수 있다. 알고 쓸 수 있는 단어는 200~300개 정도 된다.
36개월	세 단어를 연결한 완전한 형태의 문장을 구성한다. '이거 주면 할게'라고 복합문장을 표현할 수 있다. 미래와 과거 시제를 쓰는 것이 가능해지고 의문사를 이해한다.

Q 어떤 경우에 언어 발달이 늦다고 하나요?

또래 아이들의 평균보다 6~12개월 차이가 나면 걱정을 해야 합니다. 엄격하게 조기 치료를 주장하는 전문가들은 6개월만 차이가 나면 개입해야 한다고 말하기도 합니다. 예를 들어 평범한 24개월의 아이는 두 단어를 연결해서 단문을 만들 수 있고, 36개월이 되면 세 단어 이상을 연결한 문장을 표현할 수 있어야 합니다. 그런데 24개월의 아이가 한 단어 표현에 머물러 있거나 36개월이 됐는데 두 단어를 연결한 어구를 말하지 못하면 명백하게 언어 발달이 지연되고 있다고 볼 수 있습니다.

Q 언어 발달이 늦은 아이, 어떻게 해야 할까요?

언어 발달이 늦어지면 어린이집, 유치원 등에서 공동체·사회

생활을 시작할 때 좀더 많은 배려를 받아야 합니다. 또한 또래 관계가 어려워 유치원에서 하는 모둠 활동이나 협동 놀이 등에 문제가 생깁니다. 그래도 이 시기에는 '아이가 좀 늦구나' 싶어도 '좀 기다려보자'라고 생각할 수 있습니다. 다행스러운 점은 언어 발달이 늦은 아동 중 일부는 30개월에서 40개월 사이에 언어 능력이 폭발적으로 자라나 또래의 언어 발달 수준을 따라가는 경우도 있다는 것입니다.

그러나 40개월이 넘어가는데도 언어 발달 수준이 회복되지 않는다면 여러 언어적 인지 개념(숫자, 모양, 분류 등)을 이해하는 데에 본격적으로 어려움이 생기기 때문에, 적극적인 언어 치료와 인지 치료, 사회성 훈련 및 소아정신과 의사 등 전문가의 정기적 평가와 상담이 있어야 합니다.

48개월이 되면서 건강한 아이들은 글자와 그림을 통한 상징적 개념 즉 속담, 사자성어, 국기 등에 관심이 많아지고 끝말잇기와 말로 하는 장난을 즐겨 하면서 언어 인지 능력을 확장시킵니다. 만약 언어 인지 능력의 지연이 계속될 경우에는 학습에 지장이 생기므로 체계적인 학습 지원을 따로 받아야 합니다.

Q 언어 치료, 꼭 필요한가요?

언어 능력이 탁월하면서 기본적으로 책 읽기를 좋아하고 대화를 즐기는 아이들은 대화와 독서를 통해 새로운 지식을 얻습니다. 그 과정에서 지식에 대한 욕구가 생기고, 욕구가 동기부여를 해 더 많은 학습을 하게 하는 선순환과정이 만들어집니다. 그러나 언어 인지 발달에 어려움이 있으면 읽기가 어려워지고, 어휘 사용이 줄면서, 소통에도 어려움이 생기고, 학습 능력도 떨어지면서 동기마저 떨어져 노력조차 하기를 싫어하게 됩니다. 즉 언어 능력의 차이로 인해 인지 능력에 일종의 빈익빈 부익부 현상이 나타나는 것입니다.

초등학생부터 고등학생까지 추적 조사한 연구들을 보면, 초등학교 3학년 때 읽기(문장 해독 능력)에 문제가 있던 아이들의 60퍼센트가 고등학생이 된 이후에도 학습 수준이 평균보다 현저히 낮은 상태였다는 보고들이 많습니다. 그러므로 만약 인지 발달이나 읽기 능력 등이 지연되었다면 학교 입학 전부터 시작하여 이후에도 지속적인 도움을 주는 것이 좋습니다.

읽기 자동화

읽기는 지속적으로 발전합니다. 처음에는 단어만 읽다가 단어들이 합쳐진 문장을 읽고, 문장들이 합쳐진 문단 등으로 점점 덩어리를 키워가며 이해하게 되죠. 이것이 읽기 자동화입니다. 읽기 자동화가 되지 않는 사람들은 아이들처럼 한 단어, 한 단어만 읽게 되는데, 이 경우에는 열심히 해도 공부를 잘할 수 없습니다. 문장을 통째로 이해하지 못하고, 문맥을 이해하지 못하기 때문입니다.

글을 소리 내 읽을 때 속도와 정확도가 함께 발전하는 것 역시 자동화 때문입니다. 아이들은 책을 읽을 때 처음에는 음절별로 끊어 읽다가 단어별·문장별 의미 덩어리로 끊어 읽게 됩니다. 예를 들어 '아기가 밖에서 놀았습니다'라는 문장을 읽을 때 처음에는 '아', '기', '가'라고 따로따로 읽었다면 '아기가', '밖에서' 처럼 의미 덩어리 별로 읽으면서 속도가 빨라집니다.

읽기 장애가 있거나 난독증을 가진 아이들의 문제 중 하나가 자동화가 되지 않는다는 점입니다. 낱글자를 끊어서 하나 하나 천천히 읽을 때는 괜찮지만 문장 내에서 의미 덩어리를 찾지 못하고 끊어 읽기를 어려워합니다. 자연히 내용 이해가 부정확하고 속도가 느려지죠.

공부와 직결되는 두뇌 기능
수리 능력

수리 능력, 즉 수학 능력을 관장하는 네트워크는 우리 뇌의 여러 부위에 골고루 분포되어 서로 연결망(네트워크)를 이루면서 기능합니다. 전두엽의 중간 부위는 수학적 개념 형성, 두정엽은 공간의 구조와 도형, 측두엽은 수리의 연산, 숫자 연산을 주로 처리하는 식이죠. 이런 다양한 부위들의 협업으로 비로소 수학적 능력이 표현됩니다.

Q 수리 능력의 발달 과정은 어떻게 되나요?
어린아이들의 수 세기는 손가락, 언어, 눈에 의존하는 순서로 발전한다는 말을 합니다. 어린아이들은 처음에는 수를 세거나 간단한 셈을 할 때 손가락을 쥐고 펴면서, 조금 자라면 말을 하면서, 나중에는 쓰면서 그리고 마지막으로는 눈으로만 보고 계산을 할 수 있게 됩니다. 암산 능력이 좋은 아이들은 수리적 연산 발달이 잘된 아이라 볼 수 있습니다. 시기별 특징을 보면 대개 초등 1학년 때까지 손가락을 쓰고, 2학년 때까지 말로 하다가 3~4학년이 되면 간단한 암산이 가능해집니다.

 수리 능력 발달이 늦은 아이들의 특징은 무엇인가요?

손가락 세기가 늦게까지 지속됩니다.
이 역시 자동화의 문제입니다. 읽기 자동화처럼 연산 자동화가 일어나지 않는 것이 특징입니다. 손가락 세기나 말을 하면서 연산을 하는 방식을 오래 고집합니다.

연산에 대한 개념을 어려워합니다.
단위 받아 올림 등의 연산 개념을 이해하지 못한다거나 쉬운 연산에서 실수를 많이 합니다. 특히 연산 처리 과정에서 나눗셈을 어려워하는 경우가 제일 많습니다.

원칙을 잘 습득하지 못합니다.
연산에 필요한 원칙, 예를 들어 홀수 짝수의 개념이나 수의 간격 같은 개념을 잘 이해하지 못합니다. '1, 2, 3, 4, 5'는 잘 세지만 356, 500처럼 단위가 커지면 수를 세는 것을 계속 헷갈려합니다.

공부와 직결되는 두뇌 기능
실행 기능

실행 기능은 한 인간이 목표 지향적인 활동을 하는 데 필요한 능력을 말하며, 여러 기능이 종합적으로 작동하는 것입니다. 예를 들면 아이가 학습을 할 때 학습 계획 수립, 우선순위 설정, 시간 관리, 학습 내용 정리 및 조직화, 내용 분석 등의 종합적인 활동이 필요한데, 이를 이루어지게 하는 것이 바로 실행 기능인 것이죠.

실행 기능은 나무 하나 하나를 보는 것이 아닌, 장기적인 안목으로 숲을 보고 큰 그림을 그리고, 실천을 위한 방향성을 유지하면서 과제를 통해 나중에 큰 성취를 얻는 능력이라고 할 수 있습니다.

그렇기에 구체적으로 실행 기능을 구성하는 요소들이 무엇인지에 대해서는 학자마다 주장이 조금씩 다르지만 공통적으로는 계획, 조직화, 예측, 우선순위, 통합, 분석, 집중 유지 능력을 포함합니다.

Q 실행 기능이 왜 공부에 큰 영향을 미치나요?

청소년기에 공부를 잘하는 아이들의 특징은 무엇일까요? 대개 시험 성적이 좋은 아이들은 중간고사나 기말고사 같은 시험을 앞두고, 시험 범위와 양을 보고 공부 일정을 짭니다. 이때 자기 이해가 중요한데, 자기가 잘하는 과목과 잘 못하는 과목을 나누어 학습의 양과 우선순위를 정하죠. 그런 다음 구체적인 계획을 짜고, 놀고 싶은 충동을 억제하고, 좋은 성적이 가져올 긍정적인 미래를 그리면서, 부족한 부분을 보완하고, 필요한 도움을 받죠. 일련의 과정이 바로 모두 실행 기능에서 온 것입니다.

대학 입시 같은 장기적인 계획을 짤 때는 실행 기능이 더 활발하게 지속적으로 일어나죠. 실행 기능을 잘 발휘하면 장기적으로 높은 성취를 이룰 가능성이 높아집니다.

실행 기능은 단순히 성적만이 아니라 직업에서의 성취, 결혼, 투자 등 인생의 중요한 계획과 실천에 모두 중요한 영향을 미칩니다. 실행 기능이 공부와 성적에도 중요한 역할을 하지만, 그뿐만이 아닌 거죠.

Q 실행 기능 능력은 언제 키워지나요?

이 실행 기능을 발휘하는 데 가장 중요한 역할을 하는 뇌의 구성요소는 전두엽과 관련된 신경망입니다. 전두엽 중에서도 가장 넓은 부위를 차지하는 전전두엽과 그 관련회로라고 할 수 있겠습니다. 전전두엽의 발달이 다른 뇌 부위에 비해서 천천히 이루어지고, 청소년기에 들어서야 본격적으로 가지치기가 시작되면서 회로를 다듬는 작업을 20년 가까이 섬세하게 진행하여 30대 초반까지 가지치기와 구조적·기능적 변화를 지속하는 이유는 바로 실행 기능을 최적화하기 위해서입니다.

아동기까지는 실행 기능을 제대로 발전시킬 수 없습니다. 아동기까지는 지능을 비롯해 주의력, 작업 기억, 언어, 수리 등 개별 능력들을 발전시키는 것에 초점이 맞추어져 있죠. 아동기 때 기본적인 학습에 필요한 인지 능력을 충분히 발달시켜 놓은 후, 청소년기에 들어서면서 본격적으로 이 실행 기능을 발전시키면서 여러 능력을 통합해 장기적 마스터플랜을 세우고, 실행할 수 있는 능력을 발휘하게 하는 것이죠.

Q 실행 기능의 발달에 환경이 중요한가요?

실행 기능의 최종 수준은 사람에 따라 차이가 있습니다. 아이마다도 큰 편차를 보이죠. 지속적이고 고도의 정신 기능 훈련을 많이 받은 사람이라면 다양한 경험들 속에서 실행 기능의 여러 요소를 많이 활용하게 되므로 매우 높은 수준의 실행 기능을 갖습니다. 우리 뇌의 목표는 각 개인의 삶에 최적으로 적응할 수 있게 하는 것이므로 실행 기능의 발달 정도는 한 사람이 어떤 삶을 살고 있느냐에 따라 결정됩니다.

환경 요인
감정

공부와 학습에 미치는 감정의 영향은 생각보다 큽니다. 감정은 학습과 기억, 창의성에 에너지를 제공하는 역할을 하죠. 재미와 기쁨 같은 긍정적인 감정은 에너지를 공급합니다. 공부를 할 때 집중력을 높이고, 기억력, 창의력을 활성화시키죠.
반대로 우울, 불안 같은 부정적인 감정은 아이에게서 공부에 필요한 정신적 에너지를 빼앗고 지치게 만들어, 아이가 학습 과제에 집중할 수 없게 합니다.

Q 어떤 감정을 주의해야 할까요?
공부를 가장 방해하는 감정은 '분노'와 '불안'입니다. 아이가 공부를 잘하길 바란다면 아이를 화나게 하거나 불안하게 만들지 마세요.

부모들은 아이들에게 공부를 시킬 때 잔소리를 합니다. "누구를 닮아서 이 모양이야"라고 비판하거나 잘하는 친구와 비교를 하는 등 자존감을 상하게 하죠. 비판과 비교는 아이를 화나게 만듭니다.

불안 역시 마찬가지입니다. "너 이렇게 공부 안 하고 놀면 네가 제일 좋아하는 스마트폰 버릴 거야"라거나 "너 서울역에 있는 노숙자처럼 살고싶어?" 같은 위협적이고 불안을 자극하는 말들은 불안과 분노를 유발하여 학습에 대한 동기와 집중력을 오히려 떨어뜨립니다.

Q 감정을 통해 학습 효과를 높일 수 있나요?

제가 볼 때 가장 도움이 되는 감정은 공부하기 전에는 공부할 내용에 호기심, 궁금증을 갖게 하는 것이고, 공부를 마친 뒤에는 뿌듯한 성취감을 느끼게 해주는 것 같습니다. 예를 들어 동화책을 읽기 전에 "어떤 내용일까? 주인공이 다람쥐인가 봐, 신기하네. 같이 알아보자"라고 호기심을 불러일으키고 다 읽고 나서는 줄거리에 대해 이야기하면서 "이런 해결 방법도 있구나, 오늘 많이 배웠네, 정리 잘했어"라고 성취감과 만족감으로 마무리할 수 있게 해주세요.

Q 또래 관계와 놀이는 학습에 어떤 영향을 주나요?

아이가 또래 관계에서 느끼는 감정 역시 중요합니다. 그러니 평소 아이의 친구 관계를 잘 살피면 좋습니다. 친구와 사이 좋게 지내는지, 어떤 놀이를 통해 즐거움을 얻는지, 놀이가 너무 부족하거나 지나치게 자극적인 놀이에 치우쳐 있지 않은지 등을 살펴서 또래와의 놀이를 통해 유익한 학습이 이루어지도록 도와주세요.

환경 요인
수면

요즘 아이들의 사교육 스케줄은 너무 빡빡합니다. 밤 10시가 넘은 시간에 학원 셔틀버스에서 초등학교 4~5학년 아이들이 우르르 내리는 것을 보면서 한편 놀라기도 하고, 한편 걱정과 염려가 생기기도 합니다. 최근엔 유치원생들조차 인기 과외 강사의 수업을 받기 위해 등원 전 아침 일찍부터 영어 수업을 듣는다는 이야기를 접하고는 깜짝 놀랐습니다. 과외를 받고 학원을 다닌다는 것은 공부에 도움을 받기 위해서입니다. 그런데 이렇게 늦게까지 잠을 줄여가며 공부를 한다면 오히려 학습에 부정적인 영향을 주게 됩니다.

미국소아과학회는 수면이 아이들의 건강과 성장, 기분과 학습에 많은 영향을 주는데도 불구하고 제대로 관리되지 못하고 있다는 우려를 최근 표현한 바 있습니다. 그런데 미국에 비해 우리나라 아이들의 수면 부족은 더욱 심각합니다.

Q 아이들에게 충분한 수면이 왜 중요할까요?

수면은 낮 동안에 경험한 불필요한 감정과 걱정 등을 정리하게 하고, 몸과 마음을 쉴 수 있게 돕습니다. 그리고 인지 기능과 관련해서는 새롭게 학습한 주요 정보를 장기 기억으로 전환시키는 데에 중요한 역할을 합니다.

아이가 충분한 수면을 취해야 신체적 성장 발달이 원활하고, 정서 조절이 안정적이 되어 학습에 대한 집중력이 향상됩니다. 수면이 부족해지면 짜증을 많이 내거나 불안해지는 등 정서에 악영향을 미치고, 면역력이 떨어져 감염 위험성이 커지며, 부주의해져 사고의 위험이 높아집니다.

Q 잠이 부족하면 어떤 문제가 생길까요?

2011년 과학 학술지 〈네이처〉에서는 수면 부족이 장기적인 뇌 발달에 문제를 초래한다는 연구 결과를 발표했습니다. 유년기나 청소년기에 잠을 충분히 자지 못하면 뇌 회로가 손상된다는 것이죠. 아동기·청소년기에 들어서면 가지치기를 통해 불필요한 시냅스는 제거되고, 효율적인 뇌의 신경회로 체계가 완성됩니다. 중요한 것은 안정적인 수면 각성 주기가 잘 만들어졌을 때, 이 건강한 가지치기 과정이 활발하게 이루어진다는 것입니다. 잠을 자는 동안 우리 뇌에서는 깨어났을 때의 활동에 대비해 불필요한 기억들을 없애고 필요한 회로를 준비하면서 휴식을 취합니다. 그런데 수면이 부족하면 뇌가 충분히 휴식을 취하지 못해 뇌의 활동에 문제가 생길 수밖에 없습니다.

Q 좋은 수면 습관, 어떻게 길러줄까요?

규칙적으로 자는 시간을 정하고, 자기 전 따뜻한 물로 목욕을 시킨 후 잔잔한 자장가를 들려주거나 책을 읽어주는 등 수면 의식을 마련해주면 좋습니다. 아이가 자라면서 밤에 더 놀겠다고 고집을 부리더라도 일관성 있게 수면 시간을 지키도록 해주세요. 자기 전에는 자극적인 노래나 동영상을 보여주지 않는 것이 좋으며 아이가 불안해할 때는 촉감이 좋고 향기가 은은한 인형이나 부드러운 담요를 주면 도움이 됩니다.

아이들에게 수면 부족이 시작되는 시기는 초등학교 때부터입니다. 학원 등을 다니고 학습량이 많아지기 때문이죠. 또한 텔레비전이나 게임 등에 빠져 잠자는 시간이 줄어들기도 합니다. 이런 문제를 줄이려면 일찍부터 규칙적인 수면 습관을 갖도록 노력해야 합니다. 또한 카페인이 많이 든 청량음료를 피하고, 아이만 재우는 것이 아니라 온 가족이 함께 잠자리에 드는 것도 좋은 방법입니다.

연령별 적정 수면 시간

연령	수면 시간
1세	14~15시간(낮: 30분~2시간, 밤: 9~12시간)
2~4세	12~14시간(낮: 1~2시간)
5~6세	11~13시간
7~12세	10~11시간

환경 요인
음식

자라면서 키와 몸무게가 느는 것처럼 아이들의 뇌 역시 폭발적으로 성장합니다. 뇌가 활발히 성장할 때 들어가는 에너지는 우리의 상상 이상입니다. 비록 뇌는 체중의 2퍼센트만 차지하고 있지만 뇌가 하루에 필요로 하는 에너지는 우리 몸 전체가 하루에 사용하는 에너지의 20퍼센트에 달합니다. 따라서 뇌가 왕성하게 자라고 활발하게 작동하기 위해서는 식품 섭취를 통해 영양소와 충분한 에너지를 함께 공급해주어야 합니다.

Q 어떤 음식이 뇌에 좋을까요?
아이가 건강하게 성장하려면 단백질, 지방, 당분 등 3대 영양소가 필수입니다. 그중에서도 뇌에 꼭 필요한 성분은 당분, 그 안에서도 포도당입니다. 뇌가 에너지원으로 사용하는 당분은 포도당뿐이기 때문입니다. 포도당이 공급될 때 비로소 생각할 힘이 생기고, 집중력이 향상됩니다. 포도당은 설탕이나 과일 등 단 음식뿐만 아니라 쌀과 빵, 면류나 고구마 등의 탄수화물에 풍부하게 들어 있습니다.

뇌를 위한 영양소 중 단백질 역시 중요합니다. 뇌가 활발히 활동하려면 밤 동안에 낮아진 몸의 체온을 다시 높여야 합니다. 우리가 식사로 섭취하는 단백질 중 약 15퍼센트가 체온 유지에 활용될 만큼 단백질은 체온 향상과 뇌 활동 증진에 필수적인 영양소입니다. 균형 있는 식단을 짜되, 아침 식사로는 밥이나 빵 등 포도당을 섭취할 수 있는 탄수화물과 달걀, 고기, 두부, 생선 등 단백질이 풍부한 음식을 준비하세요. 빵과 과일, 주스 등 서양식 식단은 포도당 공급원이 되긴 하지만 과당 등의 당분이 혈당을 올렸다 떨어뜨리기 때문에 추천하지 않습니다. 복합 탄수화물인 잡곡, 현미밥 등을 기본으로 국과 반찬을 함께 섭취할 것을 권합니다.

Q 아침 식사와 공부, 관계가 있을까요?

미국 오하이오대학교에서 9~11세 사이의 초등학교 학생들을 대상으로 아침 식사와 주의력의 상관성에 대한 실험을 실시했습니다. 아침밥을 잘 챙겨 먹은 날과 건너뛴 날의 오답 수 증감을 시간대별로 조사한 결과 아침 식사를 하지 않은 날은 주의력이 감퇴되어 오답 수가 증가하는 현상을 반복적으로 확인했습니다. 이 연구 외에도 많은 소아청소년 대상 연구들이 아침 식사가 인지 학습 능력 전반과 주의력, 기억력 향상에 긍정적 요인이 된다는 것을 비교적 일관되게 보여주고 있습니다.

Q 아침 식사, 꼭 해야 할까요?

결론부터 말하자면 꼭 해야 합니다. 아침 식사를 통해 섭취하는 포도당이 그날 하루 뇌의 기능을 결정한다고 말할 수 있기 때문입니다. 생각해보세요. 저녁 8시에 밥을 먹은 아이가 다음 날 아침 8시에 아침 식사를 한다고 할 때, 아이의 몸에서는 12시간 동안 포도당 공급이 중지됩니다. 잠을 잔다고 해서 뇌가 움직이지 않는 것은 아닙니다. 꿈을 꾸는 동안에도 뇌는 활발히 활동하기 때문에 그 시간 동안 저녁 식사를 통해 얻은 포도당을 다 소비합니다. 아침에 일어났을 때 뇌에 공급되는 포도당이 없다면 뇌가 사용할 에너지가 바닥난 상태입니다. 또한 뇌가 활발히 활동하려면 체온이 어느 수준까지 높아져야 합니다. 그런데 체온 상승에 큰 역할을 하는 것이 아침 식사입니다.

Q 아침을 걸러도 점심을 많이 먹으면 되지 않나요?

뇌에서는 아침 식사를 통해 얻은 포도당을 오전에 사용하고, 점심에 밥을 먹으면 오후 에너지로 사용합니다. 그런데 아침을 거르고 점심만 먹을 경우, 점심 식사에서 얻은 포도당은 오전 중의 부족분을 채우는 데 먼저 사용됩니다. 계속 빚을 지고 근근히 갚으면서 사는 것처럼 우리 몸과 뇌는 하루 종일 에너지가 부족한 상황이 되기 쉽습니다. 아무리 열심히 공부하려 해도 뇌의 기능이 떨어져 효과가 좋지 않습니다.

Q 세끼만 먹으면 식사 시간은 중요하지 않나요?

식사 시간은 몸의 생체 시계를 조절하는 데 중요합니다. 특히 아침 식사는 매일의 체내 활동 리듬 조절에 큰 역할을 하죠. 아침 식사를 통해 소화 기관과 간이 작동하기 시작하면 우리 몸은 '하루가 시작됐구나'를 깨닫고 정상적인 생체 리듬을 활성화시킵니다. 또한 아침 식사를 통해 체온이 올라가면 뇌의 각성 사이클도 제대로 돌아가기 시작합니다. 그러니 무엇을 먹느냐도 중요하지만 언제 먹느냐도 중요합니다. 매일 규칙적인 시간에 아침을 잘 챙겨 먹는 습관을 들이는 게 아이의 두뇌 발달에 중요합니다.

나보다 똑똑하게 키우고 싶어요

1판 1쇄 발행	2019년 1월 10일
1판 4쇄 발행	2024년 1월 31일

지은이	김붕년
펴낸이	이영혜
펴낸곳	㈜디자인하우스

편집장	김선영
홍보마케팅	윤지호
영업	문상식, 소은주
제작	정현석, 민나영
미디어사업부문장	김은령

출판등록	1977년 8월 19일 제2-208호
주소	서울시 중구 동호로 272
대표전화	02-2275-6151
영업부직통	02-2263-6900
인스타그램	instagram.com/dh_book
홈페이지	designhouse.co.kr

© 2019, 김붕년
ISBN 978-89-7041-733-2 13590

- 책값은 뒤표지에 있습니다.
- 이 책 내용의 일부 또는 전부를 재사용하려면 반드시 디자인하우스의 동의를 얻어야 합니다.
- 잘못 만들어진 책은 구입하신 서점에서 교환해 드립니다.

디자인하우스는 독자 여러분의 소중한 아이디어와 원고 투고를 기다리고 있습니다.
원고가 있는 분은 dhbooks@design.co.kr로 개요와 기획 의도, 연락처 등을 보내 주세요.